Ruhta ve Gerçekte Tapınma

Ruhsal Tapınma

Dr. Jaerock Lee

*"Ama içtenlikle tapınanların Baba'ya ruhta
ve gerçekte tapınacakları saat geliyor. İşte, o saat şimdidir.
Baba da kendisine böyle tapınanları arıyor.
Tanrı ruhtur, O'na tapınanlar da ruhta
ve gerçekte tapınmalıdırlar."*
(Yuhanna 4:23-24)

Ruhta ve Gerçekte Tapınma Yazar: Dr. Jaerock Lee
Urim Kitapları tarafından yayınlanmıştır (Temsilci:Seongnam Vin)
73, Yeouidaebang-ro 22-gil, Dongjak-gu, Seoul, Korea
www.urimbooks.com

Yayınevinin yazılı izni olmadan bu yayının herhangi bir biçimde çoğaltılması, bilgisayar ortamında kullanılması, fotokopi yoluyla dağıtılması veya herhangi bir şekilde (elektronik, mekanik, kayıt) yayınlanması yasaktır.

Aksi belirtilmedikçe, tüm alıntılar Türkçe Kutsal Kitap'tan alınmıştır. Eski Antlaşma © The Bible Society in Turkey, 2001 Yeni Antlaşma © Thre Translation Trust, 1987, 1994, 2001.

Telif Hakkı © 2017 Dr. Jaerock Lee
ISBN: 979-11-263-0361-8   03230
Çeviri Hakkı © 2014 Dr. Esther K. Chung. İzin alınmıştır.

Daha önce Kore dilinde Urim Kitapları tarafından 1992 yılında yayınlanmıştır.

İlk Baskı Eylül 2017

Editör: Dr. Geumsun Vin
Urim Kitapları Yazı İşleri Ofisi tarafından tasarlanmıştır.
Yewon Matbaacılık tarafından basılmıştır
Daha fazla bilgi için: urimbook@hotmail.com

Önsöz

İsrail çöllerinde akasya ağaçları sıkça görülür. Bu ağaçlar, yüzlerce fit derinliklere kök salar ve hayatta kalmak için yer altı sularını arayıp bulurlar. İlk bakışta sadece ateş yakmak için ideal görünebilirler, ama reçineli dokusu, diğer ağaçlara nazaran daha katı ve dayanıklılık bakımından onlardan daha güçlüdür.

Tanrı, Levha Sandığı'nın (Antlaşma Sandığı) akasya ağacından yapılmasını, altınla kaplanmasını ve En Kutsal Yere yerleştirilmesini buyurmuştur. En Kutsal Yer, Tanrı'nın bulunduğu kutsal mekândır ve oraya ancak başkahinlerin girmesine izin verilir. Aynı şekilde yaşam olan Tanrı sözünde kök salan bir birey, sadece Tanrı'nın huzurunda değerli bir araç olarak kullanılmakla kalmaz, ama ayrıca yaşamında bolca kutsanmanın tadına varır.

Bu, aynen Yeremya 17:8 ayetinin bize söylediği gibidir: *"Böylesi su kıyılarına dikilmiş ağaca benzer, Köklerini akarsulara salar. Sıcak gelince korkmaz, Yaprakları hep yeşildir. Kuraklık yılında kaygılanmaz, Meyve vermekten geri durmaz."* Burada "su", Tanrı'nın sözüdür ve bununla kutsanan bir insan, Tanrı'nın sözünün duyurulduğu tapınma ayinlerine sevgiyle sarılır. Tapınma, Tanrı'nın huzurunda saygı ve hayranlığın gösterildiği bir ayindir. Kısaca Hristiyanların tapınması, Tanrı'ya şükranlarımızı sunduğumuz ve Tanrı'yı saygı ve övgüyle yücelttiğimiz bir törendir. Tanrı, Eski Ahit zamanında olsun ya da günümüzde olsun, Kendisine ruhta ve gerçekte tapınanları aramış ve aramaktadır.

Eski Ahit'in Levililer bölümünde yazılanlar, ibadetle ilgili ayrıntılı detaylardır. Tanrı'ya Eski Ahit yöntemleriyle kurban verilmesini içerdiğinden, Levililer kitabının günümüzdeki bizlerle alakası olmadığını bazıları iddia eder. Bundan daha büyük bir yanılgı olamaz, çünkü günümüz tapınma yöntemlerinin içinde, Eski Ahit'in tapınmayla ilgili yasaları saklıdır. Tapınma, Eski Ahit zamanında olduğu gibi, Yeni Ahit zamanında da Tanrı'yla buluşmanın bir yoludur. Ancak Eski

Ahit yasalarının kusursuz sunularla ilgili ruhani anlamlarını anladığımızda, Yeni Ahit zamanında Tanrı'ya ruhta ve gerçekte tapınabiliriz.

Bu çalışma, Yeni Ahit zamanlarında yaşayan bizlere yakmalık, tahıl, esenlik, suç ve günah gibi farklı sunulardan dersler çıkarmamızı sağlar ve önemleri üzerinde durur; Tanrı'ya nasıl hizmet etmemiz gerektiğini detaylıca açıklayarak bizlere yardımcı olur. Bu çalışma, sunularla ilgili yasaları okuyucuların kavraması için, Tanrı'nın konutunun, Kutsal Yerin içinin, En Kutsal yerin ve ibadetle alakalı çeşitli araçların renkli panoramik görüntülerini içerir.

Tanrı bize şöyle der: *"Kutsal olun, çünkü ben kutsalım"* (Levililer 11:45; 1. Petrus 1:16). Ve her birimizin Levililer bölümünde yazılan yasaları bütünüyle anlamamızı, kutsal yaşamlar sürdürmemizi arzular. Eski Ahit zamanı sunularını ve Yeni Ahit zamanı tapınmayı her yönüyle anlamanızı umuyorum. Ayrıca tapınma şeklinizi gözden geçirmenizi ve Tanrı'yı hoşnut edecek şekilde tapınmanızı umuyorum.

Bin yakmalık sunusuyla Tanrı'yı hoşnut eden Süleyman gibi, bu çalışmanın her bir okuyucusunun Tanrı huzurunda kullanılan değerli bir araç olarak kullanılması, Tanrı'ya sevginin kokusunu vererek ruhta ve gerçekte O'na tapınmasını ve su kenarına dikilmiş bir ağaç gibi taşan kutsamaların tadını çıkarması için Rab'bimiz İsa Mesih'in adıyla dua ediyorum.

Şubat 2010

Jaerock Lee

İçindekiler

Ruhta ve Gerçekte Tapınma

Önsöz

1. Bölüm
Tanrı'nın Kabul Ettiği Ruhsal Tapınma 1

2. Bölüm
Levililer Bölümünde Geçen Eski Ahit Sunuları 19

3. Bölüm
Yakmalık Sunu 45

4. Bölüm
Tahıl Sunusu 71

5. Bölüm
Esenlik Sunusu   87

6. Bölüm
Günah Sunusu   99

7. Bölüm
Suç Sunusu   117

8. Bölüm
Bedenlerinizi Diri ve Kutsal Bir Kurban Olarak Sunun   129

1. Bölüm

Tanrı'nın Kabul Ettiği Ruhsal Tapınma

"Tanrı ruhtur, O'na tapınanlar da ruhta
ve gerçekte tapınmalıdırlar."

Yuhanna 4:24

1. Eski Ahit Zamanı Sunuları ve Yeni Ahit Zamanı Tapınma

Esasen ilk yaratılan insan olan Âdem, Tanrı'yla doğrudan iletişimi ve yakın paydaşlığı olan bir varlıktı. Aklı Şeytan tarafından çelinip günah işledikten sonra, Âdem'in Tanrı'yla yakın paydaşlığı bozuldu. Tanrı, Âdem ve torunları için bağışlanma ve kurtuluş yolunu hazırladı. Ve onların Tanrı'yla iletişimi geri kazanabilecekleri bir yolu açtı. Bu yol, Tanrı'nın merhametle bahşettiği Eski Ahit zamanı sunularının usullerinde bulunabilir.

Eski Ahit zamanındaki sunular, insanlar tarafından uydurulmuş değillerdir. Tanrı'nın bizzat kendisi tarafından talimatları verilmiş ve bildirilmiştir. Levililer 1:1 ve ardından gelen ayetlerden bunu biliyoruz: *"RAB Musa'yı çağırıp Buluşma Çadırı'ndan ona şöyle seslendi:"* Ayrıca bunu, Âdem'in oğulları Habil'le Kayin'in Tanrı'ya verdikleri sunularda da çıkarsayabiliriz (Yaratılış 4:2-4).

Her birinin önemine göre bu sunular, belli kuralları izlerler. Yakmalık sunular, tahıl sunuları, esenlik sunuları, günah sunuları ve suç sunuları diye sınıflandırılırlar. Ve günahın büyüklüğüne, sunuları sunacak insanların koşullarına göre boğalar, kuzular, keçiler, güvercinler, kumrular ve un sunulabilir. Sunularla ilgili işlemleri yapmakla görevli kâhinler, yaşamlarında öz-denetim, temaslarında ise ihtiyat uygulamalı ve onları diğerlerinden ayıran efodları giyerek, tesis edilmiş kurallara göre azami ölçüde özenle hazırlanmış sunuların işlemlerini yapmaktaydılar. Bu sunular, dışa dönük karmaşık ve katı formalitelerden oluşuyordu.

Eski Ahit zamanlarında bir kişi günah işledikten sonra ancak öldürülen bir hayvan sayesinde günahının borcunu öder ve hayvanın kanıyla bağışlanırdı. Fakat yıllar yılı akıtılan kurbanlık hayvanların kanı, insanları günahlarından tamamen aklayamadı. Bu sunular geçici kefaret sunularıydı ve bu yüzden yetkin değillerdi. Çünkü insanın günahlarından tamamen aklanması ancak bir insanın yaşamıyla mümkün olabilir.

1. Korintliler 15:21 ayeti bize şöyle söyler: *"Ölüm bir insan aracılığıyla geldiğine göre, ölümden diriliş de bir insan aracılığıyla gelir."* Bu sebeple Tanrı'nın Oğlu İsa bu dünyaya bir beden olarak geldi ve günahsız olmasına rağmen çarmıhta kanını döktü ve onun üzerinde öldü. İsa kurban olduğundan (İbraniler 9:28), artık karmaşık ve katı kurallar gerektiren kan sunuları verilmesine daha fazla ihtiyaç yoktur.

İbraniler 9:11-12 ayetlerinde, *"Ama Mesih, gelecek iyi şeylerin başkâhini olarak ortaya çıktı. İnsan eliyle yapılmamış, yani bu yaratılıştan olmayan daha büyük, daha yetkin çadırdan geçti. Tekelerle danaların kanıyla değil, sonsuz kurtuluşu sağlayarak kendi kanıyla kutsal yere ilk ve son kez girdi,"* yazmış olduğu gibi, İsa sonsuz kurtuluşu sağlamıştır.

İsa Mesih sayesinde Tanrı'ya artık kan sunuları vermek zorunda değiliz. Artık şimdi Tanrı'nın huzuruna çıkabilir, O'na diri ve kutsal bir kurban sunabiliriz. Bu, Yeni Ahit zamanının tapınma şeklidir. İsa, çarmıha gerilerek ve kanını dökerek tüm günahlar için tek bir kurban sunmuş olduğundan (İbraniler

10:11-12), bizlerde yürekten günahlarımızın bağışlandığına inanır ve İsa Mesih'e iman edersek, günahlarımızdan bağışlanabiliriz. Bu, eylemlerle altı çizilen bir tören değil, ama yürekten doğan imanın ortaya konuşudur; diri ve kutsal bir kurban, ruhsal bir tapınmadır (Romalılar 12:1).

Bu, Eski Ahit zamanı sunularının ortadan kaldırıldığı anlamını taşımaz. Eğer Eski Ahit bir gölgeyse, Yeni Ahit'te gölgenin öz biçimidir. Yasalara gelince; Eski Ahit'in sunularla ilgili yasaları, Yeni Ahit'te İsa tarafından mükemmelleştirilmiştir. Yeni Ahit zamanı formaliteler, sade bir şekilde tapınmaya dönüşmüştür. Nasıl ki Tanrı, Eski Ahit zamanı kusursuz ve temiz sunuları dikkate almışsa, Yeni Ahit zamanı da ruhta ve gerçekte sunacağımız tapınmalardan hoşnut olacaktır. Katı formaliteler ve prosedürler sadece dışa dönük ayinlerle kendini göstermemiş, ayrıca pek derin ruhsal anlamlar taşımışlardır. Tapınmaya yönelik duruşumuzu gözden geçirebileceğimiz bir gösterge görevini görürler.

İlk olarak komşuların, kardeşlerin veya Tanrı'nın huzurunda yanlışlarının karşılığını verdikten veya sorumluluğu üstlendikten (suç sunusu) sonra, bir inanlı geriye dönüp geçmiş olan hafta boyunca ki yaşamını gözden geçirmeli, günahlarını itiraf etmeli ve bağışlanmayı (günah sunusu) aramalı ve sonra pak bir yürek ve azami içtenlikle tapınmalıdır (yakmalık sunu). Geçmiş hafta boyunca bizi koruyan Tanrı'nın lütufuna şükrederek ve en içten şekilde hazırladığımız sunuları (tahıl sunusu) vererek Tanrı'yı hoşnut ettiğimizde ve O'na yüreklerimizin arzularını (esenlik sunusu) ilettiğimizde, Tanrı yüreklerimizin arzularını yerine getirir ve bu dünyanın üstesinden geleceğimiz güç ve kudreti bizlere verir. Yeni Ahit zamanı tapınmalarımızın içersinde, Eski Ahit sunularının kurallarının birçok anlamı böyle yüklüdür. Eski Ahit zamanı sunularının kuralları, 3. Bölüm ve sonraki bölümlerde daha detaylı incelenecektir.

2. Ruhta ve Gerçekte Tapınma

Yuhanna 4:23-24 ayetlerinde İsa bizlere şöyle der: *"Ama içtenlikle tapınanların Baba'ya ruhta ve gerçekte tapınacakları saat geliyor. İşte, o saat şimdidir. Baba da kendisine böyle tapınanları arıyor. Tanrı ruhtur, O'na tapınanlar da ruhta ve gerçekte tapınmalıdırlar."* Bu, İsa'nın Samiriye'nin Sihar kentinde kuyubaşında gördüğü bir kadına ettiği sözlerdir. Kadın, kendisinden su isteyerek sohbeti başlatan İsa'ya, uzun zamandır merakını kurcalayan konu olan tapınma yeriyle ilgili soru yöneltmiştir (Yuhanna 4:19-20).

Yahudiler, tapınağın olduğu Yeruşalim'de sunularını verirken, Samiriyeliler Gerizim Dağı'nda veriyorlardı. Çünkü Süleyman'ın oğlu Rehavam döneminde İsrail ikiye ayrılmıştı. Kuzey İsrail, insanların Yeruşalim'deki tapınağa gitmesine engel olmak için yüksekte bir sunak inşa etmişti. Bunun farkında olan kadın, uygun tapınma yerinin neresi olduğunu bilmek istiyordu.

İsrail halkı için tapınma yerinin önemli bir anlamı vardır.

Tanrı tapınakta olduğundan, tapınağı ayrı bir yere koymuş ve onun evrenin merkezinde olduğuna inanmışlardı. Fakat Tanrı'ya tapınan yüreğin cinsi, tapınma yerinden daha önemli olduğundan, kendisinin Mesih olduğunu açıkça dile getiren İsa, ibadet anlayışının da yenilenmesi gerektiğini vurguladı.

"Ruhta ve gerçekte" tapınma nedir? "Ruhta tapınma", Kutsal Ruh'un esinlemesi ve doluluğuyla Kutsal Kitap'ın 66 kitabında mevcut Tanrı sözünü ekmeğimiz yapmak ve içimizde Yaşayan Kutsal Ruh'la birlikte yüreğimizin derinliklerinden tapınmaktır. "Gerçekte tapınma", Tanrı'yı doğru anlayarak bedenlerimizle, yüreğimizle, istek ve içtenlikle tapınmak ve sevinçle, şükranla, dualarla, övgülerle, amel ve sunularla Tanrı'ya teslim olmaktır.

Tanrı'nın tapınmamızı kabul edip etmeyeceği dış görüntümüze ya da sunularımızın büyüklüğüne değil, ama kendi kişisel koşullarımız çerçevesinde Tanrı'ya teslimiyetimizin ölçüsüne bağlıdır. Tanrı, yürekten tapınan ve gönülden veren insanların yüreklerinin arzularını memnuniyetle kabul eder ve yanıtlar. Fakat sadece başkalarının kendileri hakkında ne düşündüğünü dikkate alan, düşüncesiz yüreklere sahip saygısız insanların tapınmalarını kabul etmez.

3. Tanrı'nın Kabul Ettiği Tapınmayı Sunma

Tüm Yasa'nın İsa Mesih tarafından tamamlandığı Yeni Ahit

döneminde yaşayan bizler, Tanrı'ya çok daha yetkin bir şekilde tapınmalıyız. Çünkü sevgi, Yasa'yı sevgiyle tamamlayan İsa Mesih tarafından bizlere verilen en yüce buyruktur. Öyleyse tapınma, Tanrı'ya olan sevgimizin bir ifadesidir. Bazı insanların Tanrı'ya olan sevgileri dudaklarından dökülür, ama Tanrı'ya tapınma şekillerine baktığımızda, Tanrı'yı yüreklerinin derinliklerinden gerçekten sevip sevmedikleri bazı zamanlar kuşkuya düşürür.

Eğer konum bakımından bir üstümüzle ya da bizden daha büyük yaşta biriyle buluşuyorsak, giyimimize, davranışımıza ve duruşumuza özen gösterirdik. Eğer o kişiye bir armağan verecek olsak, kusursuz bir hediyeyi azami bir özenle hazırlardık. Oysa Tanrı evrendeki her şeyin yaratıcısıdır; yüceltilmeye ve yarattığı için övgüye layıktır. Eğer Tanrı'ya ruhta ve gerçekte tapınacaksak, O'nun huzurunda asla saygısız olmamalıyız. Saygısız olup olmadığımız hususunda geriye dönüp kendimizi gözden geçirmeli ve tüm bedenimiz, yüreğimiz, isteğimiz ve özenimizle tapınma ayinlerine katıldığımızdan emin olmalıyız.

1) Ayinlere geç gelmemeliyiz

Tapınma, görünmeyen Tanrı'nın ruhani yetkinliğine teslim olduğumuz bir ayin olduğundan, ancak O'nun tesis ettiği kurallar ve hükümlere bağlı kaldığımızda yürekten O'na teslim olmuş sayılırız. Bu yüzden sebep her ne olursa olsun ayinlere geç gelmek saygısızlıktır.

Ayin zamanı, Tanrı'ya adamaya ant içtiğimiz zaman olduğundan, ayinden önce varmalı, kendimizi duaya vermeli ve yürekten ayine hazırlanmalıyız. Bir kralla, cumhurbaşkanıyla ya da başbakanla buluşacak olsaydık, hiç şüphesiz erken gelir ve hazır bir şekilde beklerdik. Öyleyse nasıl olur da kıyaslanmayacak kadar haşmetli ve yüce olan Tanrı'yla buluşurken geç kalabilir ya da nefes nefese gelebiliriz?

2) Tüm dikkatimizi Vaazlara Vermeliyiz
Bir çoban (peder), Tanrı'nın mesh ettiği bir görevlidir ve Eski Ahit zamanı kâhinlerine eştir. Kutsal mabetten sözü duyurmak için atanan bir çoban, sürüsünü göklere yönlendiren bir rehberdir. Bu yüzden Tanrı, bir çobana yapılan saygısızlığı veya itaatsizliği, kendisine yapılmış saygısızlık ya da itaatsizlik olarak görür.

Mısır'dan Çıkış 16:8 ayetinde Musa'ya homurdanan ve karşı gelen İsrail halkının, aslında bizzat Tanrı'ya söylenmiş sayıldığını görürüz. 1. Samuel 8:4-9 ayetlerinde insanlar peygamber Samuel'e itaatsizlik ettiğinde, Tanrı bunu kendine yapılmış bir saygısızlık olarak görmüştür. Dolayısıyla bir çoban, Tanrı'nın mesajlarını duyururken yanınızdaki biriyle konuşuyor ya da boş düşüncelere dalıyorsanız, Tanrı'nın huzurunda saygısızlık yapıyorsunuz demektir.

Ayinler esnasında uyumak ya da uyuklamak saygısızca bir harekettir. Cumhurbaşkanının olduğu bir toplantı esnasında sekreterin ya da bakanın uyumasının ne kabaca bir hareket olacağını tasavvur edebiliyor musunuz? Aynı şekilde Rab'bimizin bedeni olan kilisede uyumak ve uyuklamakta Tanrı'nın, çobanın ve imandaki kardeşlerin önünde saygısızlık yapmaktır.

Ayrıca huzursuz bir ruhla tapınmak kabul edilemez. Tanrı, şükran ve sevincin olmadığı, kederle yapılan tapınmaları kabul etmez. Dolayısıyla, göklere beslenen umuttan doğan vaazların beklentisiyle ve kurtuluşla sevginin lütufuna duyulan minnet dolu bir yürekle tapınma ayinlerine katılmalıyız. Tanrı'ya dua eden bir insanı dürtmek ya da onunla konuşmak saygısızlıktır. Sizinle eş düzeyde biriyle üst düzeyde birinin arasında geçen sohbeti nasıl bölmemeniz gerekiyorsa, bir kişinin Tanrı'yla olan iletişimini kesmenizde saygısızlıktır.

3) Ayinler öncesinde alkol ve tütün kullanılmamalıdır

Tanrı, zayıf imanı yüzünden yeni bir inanlının içkiyi ve sigarayı bırakamamasını günah saymaz. Fakat eğer uzun zamandır vaftizli ve kilisede görevli biri içki ve sigara içmeye devam ediyorsa, Tanrı'nın nazarında bu, saygısızlıktır.

İnanlı olmayanlar bile içkili ya da sigara içmiş olarak kiliseye gitmenin uygunsuz ve yanlış olduğunu düşünürler. Bir insan içkiden ve sigaradan doğan pek çok sorun ve günahı göz önünde bulundurduğunda, Tanrı'nın bir çocuğu olarak nasıl davranması gerektiğini gerçekle fark edebilir.

Sigara, kansere neden olur ve bedene zararlıdır. İçki bir yandan zehirlerken, diğer yandan uygunsuz davranış ve konuşmalara neden olur. Sigara ve içki içen, davranışları dahi onu gözden düşüren bir inanlı nasıl olurda Tanrı'nın bir çocuğuna örnek gösterilebilir? Bu yüzden gerçek bir imana sahipseniz, bu eski alışkanlıklarınızı derhal söküp atmalısınız.

İmanda yeni bir inanlı olsanız dahi, eski alışkanlıklarınızı söküp atmak için verdiğiniz her çaba, Tanrı'nın nazarında uygundur.

4) Dikkatimizi tapınma ayinlerinden uzaklaştırmamalı ve ortamın üzerine gölge düşürmemeliyiz

Bir mabet, Tanrı'ya tapınılması, dua edilmesi ve övgüler sunulması için tahsis edilmiş kutsal bir mekândır. Eğer ebeveynler çocuklarının ağlamasına, gürültü çıkarmasına ve sağa sola koşuşturmasına izin verirlerse, diğer kilise üyelerinin yürekten tapınmalarına engel olmuş olurlar. Bu, Tanrı'nın nazarında saygısızlıktır.

Ayrıca üzülmek, kızmak, iş ya da kilise dışında eğlenceden konuşmak da saygısızlıktır. Çiklet çiğnemek, yanınızdaki kişiyle sesli konuşmak veya ayinin ortasında kalkıp kiliseden ayrılmak, saygı noksanlığının bir göstergesidir. Ayinlere şapka, t-shirt, eşofman, parmak arası ya da diğer terlikleri giyerek gelmek görgüsüzlüktür. Dış görünüş önemli değildir, ama bir kişinin günahkâr duruşu ve yüreği, çoğunlukla dış görüntüsüne yansır. Bir kişinin ayine hazırlanmak için verdiği özen, giysisine ve dış görüntüsüne yansır.

Tanrı'yı ve O'nun neyi arzuladığını doğru anlamamız, Tanrı'nın kabul edeceği ruhta tapınmayı sunmamızı sağlar. Tanrı'yı hoşnut edecek şekilde tapındığımızda –Tanrı'ya ruhta ve gerçekte tapındığımızda– bize kavrama gücü verir ki, o kavrayışı yüreklerimizin ta derinlerine kazıyalım, bolca meyve verelim, yağmur gibi üzerimize yağdırdığı olağanüstü lütuf ve kutsamaların tadını çıkaralım.

4. Ruhta ve Gerçekte Tapınmanın Damgasını Vurduğu Bir Yaşam

Tanrı'ya ruhta ve gerçekte tapındığımızda yaşamlarımız yenilenir. Tanrı, her bireyin tüm yaşamının, ruhta ve gerçekte tapınmanın damgasını vurduğu bir yaşam olmasını ister. Tanrı'nın hoşnutlukla kabul edeceği ruhani tapınmayı sunmak için nasıl davranmalıyız?

1) Her zaman sevinmeliyiz

Gerçek sevinç, sadece sevinç duyacağımız şeylere sahip olduğumuzda değil, ama acı ve zorluklarla yüzleşirken bile duyacağımız sevinçtir. Kurtarıcımız olarak iman ettiğimiz İsa Mesih'in üzerimizden tüm lanetleri almış olması, her daim sevinmemiz için bir nedendir.

Bizler yıkım yolunda ilerlerken, O, kanını dökerek bizleri günahtan kurtardı. Yoksulluğumuzu ve hastalıklarımızı üzerine aldı ve gözyaşlarının, acının, kederin ve ölümün kötülüğünün bağlarını gevşetti. Dahası ölümün yetkinliğini kırdı ve dirildi; böylece bizlere dirilişin umudunu verdi ve gerçek bir yaşamla güzel gökleri elde etmemizi sağladı.

Eğer sevinç kaynağımız olarak imanla İsa Mesih'e sahip olursak, O zaman sevinmekten başka yapabileceğimiz hiçbir şey olmaz. Yiyeceksiz ve ailevi sorunlarla cebelleşiyor, sıkıntı ve zulümlerle çevremiz sarılıyor olsa bile, öteki yaşamın güzel umuduna sahip olacağımızdan ve sonsuz mutluluğu alacağımızdan, realite bizi alakadar etmez. Tanrı'ya sevgiyle dolu yüreklerimiz bocalamadığı ve göklere duyduğumuz umut sarsılmadığı sürece sevinç asla solmaz. Dolayısıyla yüreklerimiz Tanrı'nın lütufu ve göklere beslenen umutla dolu olduğunda, sevinç her an taşar ve sonra zorluklar hızla kutsamalara dönüşür.

2) Sürekli dua etmeliyiz

"Sürekli dua etmenin" üç anlamı vardır. İlki alışkanlık halinde dua etmektir. Vaizliği boyunca İsa bile "kendi geleneğine" göre dua edebileceği sessiz yerleri aramıştır. Daniel düzenli bir şekilde günde üç kez dua etmiştir. Petrus ve diğer öğrencilerde dua için belli bir zaman tesis etmişlerdir. Bizlerde dualarımızın miktarını alışkanlık halinde dua ederek doldurmalı ve Kutsal Ruh'un yağının tükenmediğinden emin olmalıyız. Ancak o zaman Tanrı'nın sözünü ayinlerde anlayabilir ve söze göre yaşama gücünü alabiliriz.

İkinci olarak "sürekli dua edin" demek, zamanla ya da alışkanlıkla belirlenmiş zamanlar dışında da dua etmektir. Kutsal Ruh'un, alışılagelen zamanlar dışında dua etmeye bizleri yönlendirdiği zamanlar olur. Sıklıkla böyle zamanlarda dua ederek zorluklardan kaçtıklarını ya da kazalardan korunduklarını söyleyen insanların tanıklıklarını işitiriz.

Son olarak "sürekli dua edin" demek, gece-gündüz Tanrı'nın sözü üzerinde derin derin düşünmek anlamına gelir. Nerede, kiminle ya da ne yapıyor olursanız olun, yüreklerdeki gerçek, diri ve aktif bir şekilde işini yapıyor olmalıdır.

Dua, ruhumuz için nefes gibidir. Bedenin nefes alıp vermesi sonlandığında beden nasıl ölüyorsa, duayı kesmek de ruhun zayıflamasına ve sonunda ölmesine neden olur. "Sürekli dua eden" bir insanın sadece belirlenmiş dua zamanlarında değil, ama ayrıca gece-gündüz sözün üzerinde derin derin düşünüp, söze yaşayan biri olduğu da söylenebilir. Tanrı'nın sözü yüreğinde yaşadığında ve yaşamını Kutsal Ruh'la paydaşlık içinde sürdürdüğünde, hayatı her yönüyle gönenç içinde olur ve Kutsal Ruh tarafından açık bir biçimde ve çok yakından yönlendirilir.

İncil'in, "önce O'nun egemenliği ve doğruluğu ardından gidin" dediği gibi, kendimiz yerine Tanrı'nın egemenliği – O'nun takdiri ilahisi ve insanların kurtuluşu– için dua ettiğimizde, Tanrı bizi bolca kutsar. Fakat zorluklarla karşılaştıklarında ya da bir şeyin eksik olduğunu düşündüklerinde dua eden ve esenlik içinde olduklarında ise dua etmeyi kesen insanlar vardır. Kutsal Ruh'la dolu olduklarında coşkuyla dua eden, ama doluluğu kaybettiklerinde dua etmeyi kesen insanlarda vardır.

Her şeye rağmen yüreklerimizi her zaman bir arada tutmalı ve Tanrı'nın hoşnut olduğu duanın kokusunu Tanrı katına ulaştırmalıyız. Bir yandan uyuşukluk ve boş düşüncelerle mücadele ederken, bir kişinin sözleri çekip çıkarmasının ve dua vaktini zar zor doldurmaya çalışmasının nasıl zor ve ıstırap verici olduğunu hayal edebilirsiniz. Bir inanlı belli ölçüde bir imana sahip olduğunu düşünüyor, ama yinede bu tür zorluklarla karşılaşıyor ve Tanrı'yla iletişim kurmayı külfet verici buluyorsa, Tanrı'ya olan sevgisini ikrar ederken utanç duyması gerekmez mi?

"Duam ruhsal açıdan cansız ve durgun" diye düşünüyorsanız, daha önce ne kadar sevinç ve şükran içinde olduğunuzu görmek için kendinizi gözden geçirin.

Bir kişi her daim sevinç ve şükran içinde olduğunda, dualarının Kutsal Ruh'un doluluğunda olacağı ve cansız olmak yerine büyük derinliklere nüfuz edeceği kesindir. Kişi, dua etme becerisinden yoksun olacağı duygusuna sahip olmayacaktır. Aksine ne kadar zorlaşırsa, o kadar Tanrı'nın lütufuna susayacaktır. Ve bu, Tanrı'ya daha da içtenlikle yakarmaya o kişiyi itecek ve imanı adım adım gelişecektir.

Yüreklerimizin derinliklerinden her daim yakardığımızda, duanın meyvesini bolca vereceğiz. Yolumuza çıkan sınamalara rağmen dua için ayırdığımız zamanı tutacağız. Duaya çağrıldığımız ölçüde imanın ruhani derinlikleri ve sevgi gelişecek, ayrıca başkalarıyla da lütufu paylaşacağız. Bu yüzden sürekli sevinç ve şükran içinde dua etmemiz bizim için bir zorunluluktur. Bu sayede Tanrı'dan yanıtları alabiliriz.

3) Her şeye şükretmeliyiz

Şükretmek için hangi sebepleriniz var? Her şeyden önce ölüme mahkûm olan bizler kurtulduk ve göklere girebiliriz. Günlük ekmeğimiz ve iyi sağlığımızda içinde olmak üzere, bize her şeyin verildiği gerçeği şükretmemiz için yeterli sebeplerdir. Dahası her-şeye-gücü-yeten Tanrı'ya inandığımız için, her türlü sıkıntı ve sınmaya karşın şükran duyabiliriz.

Tanrı, içinde bulunduğumuz her koşul ve durumu bilir ve dualarımızı işitir. Sınamaların tam ortasında sonuna dek

Tanrı'ya güvendiğimizde, bu sınamalardan çok daha iyi çıkmaya bizi yönlendirir.

Rab'bimizin adı yüzünden sıkıntı çektiğimizde ya da kendi hatalarımız ve eksiklerimiz yüzünden sınamalarla yüzleştiğimizde gerçekten Tanrı'ya güvenirsek, o zaman yapabileceğimiz tek şeyin şükretmek olduğunu keşfedeceğiz. Noksanlarımız olduğunda ya da yetersiz kaldığımızda, zayıflığımızı güçlendiren ve yetkin kılan Tanrı'nın gücüne daha da şükran duyacağız. İçinde bulunduğumuz gerçek, katlanılması ve idare edilmesi giderek zor bil hal alsa da Tanrı'ya olan imanımız yüzünden şükranlarımızı sunabileceğiz. Sonuna kadar imanla şükrettiğimiz zaman sonunda her şey iyilikle sonuçlanacak ve hepsi kutsamalara dönüşecek.

Her zaman sevinmek, sürekli dua etmek ve her şeye şükretmek, imandaki yaşantılarımızla ruhta ve benlikte ne kadar meyve verdiğimizi ölçen ölçüm çubuğudur. Koşullara bakmaksızın bir kişi sevincin mücadelesini ne kadar verir, tohumlarını ne kadar eker ve şükran duyacağı sebepleri arayarak yüreğinin derinliklerinden ne kadar çok şükrederse, o kadar çok sevincin ve şükranın meyvesini verir. Dua içinde durum aynıdır. Dua için ne kadar çaba verirsek, meyve olarak gücün ve yanıtların hasadını o kadar çok alırız.

Bu yüzden Tanrı'nın arzuladığı ruhsal tapınmaları sunarak ve her zaman sevinerek, sürekli dua ve şükrederek (1. Selanikliler 5:16-18) Tanrı'nın hoşnut olduğu yaşamları her gün Tanrı'ya adayarak, ruhta ve benlikte büyük ve bolca meyveler vermenizi umut ediyorum.

2. Bölüm

Levililer Bölümünde Geçen Eski Ahit Sunuları

"RAB Musa'yı çağırıp
Buluşma Çadırı'ndan ona şöyle seslendi:
İsrail halkıyla konuş, onlara de ki,
'İçinizden biri RAB'be sunu olarak bir hayvan sunacağı zaman,
sığır ya da davar sunmalı.'"

Levililer 1:1-2

1. Levililer Bölümünün Önemi

Genellikle Yeni Ahit'in Vahiy kitabıyla Eski Ahit'in Levililer kitabının, Kutsal Kitap'ın en zor anlaşılır bölümleri olduğu söylenir. Bu sebeple Kutsal Kitap'ı okurken bazı insanlar bu bölümleri atlarken, bazıları da Eski Ahit'te yazılı sunularla ilgili yasaların günümüzde geçerli olmadığını düşünür. Fakat eğer bu bölümler geçerli olmasaydı, Tanrı'nın onlara Kutsal Kitap'ta yer vermesine de gerek olmazdı. Yeni ve Eski Ahit'te ki her bir kelime, Mesih'te ki yaşamlarımız için gerekli olduğundan, Tanrı onların Kutsal Kitap'ta kayıt altına alınmasını sağladı (Matta 5:17-19). Eski Ahit zamanının yasaları, Yeni Ahit zamanında terk edilemez. Tüm yasalarda olduğu gibi, Eski Ahit'in sunularla ilgili yasaları, Yeni Ahit döneminde İsa tarafından yerine getirilmiştir. Eski Ahit zamanı sunularıyla ilgili yasaların anlamları, günümüz kiliselerindeki modern tapınmanın her bir adımında gizlidir ve Eski Ahit zamanı sunuları, günümüz tapınma hizmetlerine eşdeğerdedir. Bir kez Eski Ahit sunularıyla ilgili yasaları ve onların anlamını doğru anladığımızda, Tanrı'yla buluşmamızı sağlayan kutsamalara çıkan kısa yolun ardından gidebilecek ve O'na nasıl tapınıp hizmet edeceğimizle ilgili doğru idraki edinebileceğiz.

Levililer, Tanrı'ya inanan herkes için günümüzde de geçerli olan Tanrı sözünün bir parçasıdır. Bu yüzden 1. Petrus 2:5 ayetinde şu sözlere rastlarız: *"O sizi diri taşlar olarak ruhsal bir tapınağın yapımında kullansın. Böylelikle, İsa Mesih aracılığıyla Tanrı'nın beğenisini kazanan ruhsal kurbanlar sunmak üzere kutsal bir kâhinler topluluğu olursunuz."* İsa Mesih aracılığıyla kurtuluşu alan herkes, tıpkı Eski Ahit zamanı kâhinlerinin yapmış olduğu gibi, Tanrı'nın huzuruna gidebilir. Levililer, daha çok iki bölüme ayrılmıştır. İlk bölüm temel olarak günahlarımızın nasıl bağışlanacağı üzerinde durur. Günahlardan bağışlanmayı sağlayan kurbanlarla ilgili temel yasalardan meydana gelir. Ayrıca Tanrı'yla halk arasında sunulardan sorumlu olan kâhinlerin yetkinlik ve sorumluluklarını açıklar. İkinci bölümde daha çok Tanrı'nın seçilmiş kutsal halkının asla işlememesi gereken günahlar detaylıca anlatılır. Kısaca her inanlı, Tanrı'yla sahip olduğu kutsal ilişkiyi nasıl muhafaza edeceği üzerinde duran Levililer'de kayda geçmiş Tanrı istemini öğrenmelidir.

Levililer'de kurbanlarla ilgili yasalar, nasıl tapınacağımızla ilgili yöntembilimi açıklarlar. Nasıl ki ayinler vesilesiyle Tanrı'yla bir araya geliyor, O'nun yanıt ve kutsamalarını alıyorsak, Eski Ahit zamanındaki insanlarda kurbanlar vesilesiyle günahlarından bağışlanmış ve Tanrı'nın işlerini deneyim etmişlerdir. Ancak İsa Mesih'ten sonra Kutsal Ruh içimizde yaşamaya başlamıştır ve Kutsal Ruh'un işleriyle ruhta ve gerçekte tapınarak, Tanrı'yla paydaşlık içinde olmamıza izin verilmiştir.

İbraniler 10:1 ayeti, bizlere şöyle der: *"Kutsal Yasa'da gelecek iyi şeylerin aslı yoktur, sadece gölgesi vardır. Bu nedenle Yasa, her yıl sürekli aynı kurbanları sunarak Tanrı'ya yaklaşanları asla yetkinliğe erdiremez."* Eğer bir biçim varsa, o biçimin gölgesi de vardır. Günümüzde "biçim", İsa Mesih aracılığıyla tapınabileceğimiz gerçeğidir. Eski Ahit zamanında insanlar, gölge olan kurbanlar aracılığıyla Tanrı'yla ilişkilerini muhafaza etmişlerdir. Tanrı'ya adanacak sunular, O'nun arzu ettiği kurallara göre verilmelidir. Tanrı, kendi kafasına göre sunular veren bir insanın tapınmasını kabul etmez. Yaratılış 4. Bölümde, Tanrı'nın istemi ardınca giden Habil'in sunuları kabul edilirken, kendi kafasına göre kurban veren Kayin'in sunularının reddedildiğini okuruz. Aynı şekilde Tanrı'nın hoşnut olduğu tapınma olduğu gibi, O'nun kurallarından sapan ve Tanrı'yla alakası olmayan tapınmalarda vardır. Levililer'de geçen sunularla ilgili yasalar, Tanrı'nın yanıt ve kutsamalarını alabileceğimiz, O'nu hoşnut edebileceğimiz tapınma şekilleriyle ilgili pratik bilgiler içerir.

2. Tanrı'nın Musa'yı Buluşma Çadırından Çağırması

Levililer 1:1 ayeti şöyle yazar: *"RAB Musa'yı çağırıp Buluşma Çadırı'ndan ona şöyle seslendi:"* Buluşma Çadırı, çölde yaşayan İsrail halkının hareketlerini kolaylaştıran taşınabilir bir mabetti ve burası Tanrı'nın Musa'yı çağırdığı yerdi. Buluşma Çadırı, Kutsal Yer ve En Kutsal Yer'den meydana gelen Kutsal Konut'tu (Mısır'dan Çıkış 30:18, 30:20, 39:32 ve 40:2). Ayrıca Kutsal Konut'un yanı sıra avluların çevresindeki perdeler de toplu olarak kastedilir (Çölde Sayım 4:31, 8:24).

Mısır'dan Çıkış'ın ardından Kenan diyarına yolculuk yapan

İsrail halkı çöllerde uzun zaman geçirdi ve sürekli hareket halindeydiler. Bu yüzden Tanrı'ya sunuların verildiği tapınak, kalıcı bir yere inşa edilememiş, kolayca hareket edebilen Kutsal Konut kullanılmıştır. Dolayısıyla bu yapıya ayrıca "tanıklık çadırının tapınağı" da denir.

Mısır'dan Çıkış 35-39 bölümleri, kutsal konutun inşasıyla ilgili detaylı bilgiler verir. Tanrı'nın bizzat kendisi, konutun yapısı ve inşasında kullanılacak malzemeler hakkında Musa'ya detaylı bilgiler vermiştir. Musa, halka konutun inşası için gerekli malzemeleri duyurduğunda hepsi memnuniyetle altın, gümüş, tunç; mavi, mor ve kırmızı malzemelerle saf keten gibi gerekli malzemeleri getirmişlerdir. Ayrıca keçi kılı, koç derisi ve kırmızıya boyanmış koç derileri de getirmişlerdir, ama gereğinden fazla getirdikleri için Musa daha fazla getirmelerini buyurmuştur (Mısır'dan Çıkış 36:5-7).

Kutsal Konut, böylece topluluğun gönüllü verdiği armağanlarla inşa edilmiştir. Kaçar gibi Mısır'ı terk ettikten sonra Kenan'a doğru yol alan İsrailliler için, Kutsal Konut'un inşasının maliyeti küçük değildi. Ne evleri ne toprakları vardı. Çiftçilikten kazanç elde edemezlerdi. Fakat kendisinin kalması için bir yer inşa edildiği takdirde onların arasında yaşayacağını söyleyen Tanrı'nın vaadiyle her türlü maliyet ve emeğe sevinç ve memnuniyetle katlandılar.

Ağır istismar ve çalışmadan uzunca bir zaman çekmiş olan İsrail halkı için her şeyden fazla susadıkları tek şey, kölelikten azat olmaktı. Dolayısıyla Tanrı, onları Mısır'dan kurtardıktan sonra, aralarında yaşamak için Kutsal Konut'u inşa etmelerini buyurdu. İsrail halkının bunu geciktirmek için hiçbir sebepleri yoktu; sevinç dolu adanmışlıklarının bir temeli olarak, Kutsal Konut böylece ortaya çıktı.

Kutsal Konut'tan içeri girilir girilmez "Kutsal Yer" karşımıza çıkar ve Kutsal Yerden içlere doğru geçilerek "En Kutsal Yere" ulaşılır. Burası en kutsal yerdir. En Kutsal Yer, Levha Sandığı'nın (Antlaşma Sandığı) bulunduğu yerdir. Tanrı'nın sözünü içeren Levha Sandığı'nın En Kutsal Yer'de olduğu gerçeği, Tanrı'nın orada olduğunun bir andıcıdır. Tanrı'nın bir evi olarak tüm tapınak bütünüyle kutsal bir yer olsa da, En Kutsal Yer, özellikle tahsis edilmiş bir yerdir ve tüm yerler arasında en kutsal kabul edilen mekândır. Baş kâhinin bile En Kutsal Yer'e yılda sadece bir kez girmesine izin verilirdi ve bu da, halkın Tanrı'ya kurban vereceği zamanlardı. Halktan insanların oraya girmesi yasaktı. Çünkü günahkârlar, Tanrı'nın huzuruna asla çıkamazlar.

Fakat İsa Mesih sayesinde hepimiz, Tanrı'nın huzuruna çıkma imtiyazını elde ettik. Matta 27:50-51 ayetlerinde şunları okuruz: *"İsa, yüksek sesle bir kez daha bağırdı ve ruhunu teslim etti. O anda tapınaktaki perde yukarıdan aşağıya yırtılarak ikiye bölündü. Yer sarsıldı, kayalar yarıldı."* İsa, günahlarımızdan bizleri kurtarmak için çarmıhta ölerek kendini sunduğunda, bizimle En Kutsal Yer arasında duran perde ortadan yırtılarak ikiye bölündü.

Bunun üzerinde İbraniler 10:19-20 ayetleri özenle durur: *"Bu nedenle, ey kardeşler, İsa'nın kanı sayesinde perdede, yani kendi bedeninde bize açtığı yeni ve diri yoldan kutsal yere girmeye cesaretimiz vardır."* İsa'nın ölerek bedenini kurban vermesi sonucu yırtılan perde, Tanrı ile bizim aramızdaki günah duvarının yıkıldığını simgeler. Artık İsa Mesih'e inanan herkes günahlarından bağışlanabilir ve Kutsal Tanrı'nın huzuruna giden yola girebilir. Geçmişte sadece kâhinler Tanrı'nın huzuruna çıkarken, artık bizler Tanrı'yla doğrudan ve yakın bir paydaşlık içinde olabiliriz.

3. Buluşma Çadırının Ruhani Önemi

Günümüzde Buluşma Çadır'ı bizler için neye tekabül eder? Günümüzde Buluşma Çadırı, inanlıların ibadet ettiği kilisedir. Kutsal Yer, Rab'be iman edenlerin bedenleri ve En Kutsal Yer'de, Kutsal Ruh'un yaşadığı yüreklerimizdir. 1. Korintliler 6:19 ayetleri bize şu hatırlatma da bulunur: *"Bedeninizin, Tanrı'dan aldığınız ve içinizdeki Kutsal Ruh'un tapınağı olduğunu bilmiyor musunuz? Kendinize ait değilsiniz."* İsa'ya Kurtarıcı olarak iman ettikten sonra Kutsal Ruh bir armağan olarak Tanrı tarafından bizlere verilir. Kutsal Ruh içimizde yaşadığından, yüreğimiz ve bedenimiz kutsal tapınaktır.

1. Korintliler 3:16-17 ayetlerinde ayrıca şu sözleri okuruz: *"Tanrı'nın tapınağı olduğunuzu, Tanrı'nın Ruhu'nun sizde yaşadığını bilmiyor musunuz? Kim Tanrı'nın tapınağını yıkarsa, Tanrı da onu yıkacak. Çünkü Tanrı'nın tapınağı kutsaldır ve o tapınak sizsiniz."* Nasıl ki Tanrı'nın gözle görülür tapınağını her daim temiz ve kutsal tutmamız gerekiyorsa,

Kutsal Ruh'un yaşadığı yer olduğundan bedenlerimizi ve yüreklerimizi de her daim temiz ve kutsal tutmalıyız. Tanrı'nın tapınağını her kim yıkarsa, Tanrı'nın da o kişiyi yıkacağını okuruz. Eğer bir kişi Tanrı'nın çocuğu olarak Kutsal Ruh'u almışsa, ama kendini mahvetmeye devam ediyorsa, Kutsal Ruh söner ve o kişinin kurtuluşu olamaz. Ancak Kutsal Ruh'un yaşadığı tapınağı, yüreğimizle ve hareketlerimizle kutsal tuttuğumuzda, tam bir kurtuluşa erebilir ve Tanrı'yla doğrudan ve yakın bir paydaşlık içinde olabiliriz.

Bu yüzden Tanrı'nın Musa'yı buluşma çadırından çağırması, içimizdeki Kutsal Ruh'un bizleri çağırdığı ve bizlerle paydaşlığı istediği anlamına gelir. Kurtuluşu alan Tanrı çocuklarının Baba Tanrı'yla paydaşlık içinde olması doğaldır. Kutsal Ruh'la dua etmeli ve Tanrı'yla yakın paydaşlık içinde ruhta ve gerçekte tapınmalıdırlar.

Eski Ahit zamanı insanları, günahlarından dolayı kutsal Tanrı'yla paydaşlık içinde olamıyorlardı. Sadece baş kâhin, kutsal yer içindeki En Kutsal Yer'e girebiliyor ve insanlar adına Tanrı'ya kurbanlar sunabiliyordu. Günümüzde Tanrı'nın her çocuğu tapınmak, dua etmek ve Tanrı'yla paydaşlık içinde olmak için kutsal yere girebilir. Çünkü İsa Mesih, bizleri tüm günahlarımızdan kurtarmıştır.

İsa Mesih'e iman ettiğimizde, Kutsal Ruh yüreğimizde yaşar ve yüreğimizi, En Kutsal Yer sayar. Ve Tanrı'nın buluşma çadırından Musa'ya seslendiği gibi, Kutsal Ruh yüreklerimizin derinliklerinden bizleri çağırır ve bizlerle paydaşlık içinde olmayı arzular. Sesini duymamıza ve rehberliğini almamıza izin vererek, Kutsal Ruh bizleri gerçekte yaşamaya ve Tanrı'yı anlamaya yönlendirir. Kutsal Ruh'un sesini duymak için yüreklerimizdeki günahı ve kötülüğü söküp atmalı ve kutsallaşmalıyız. Bir kez kutsallaştığımızda, Kutsal Ruh'un sesini net duyabileceğiz ve gerek ruhta gerekse benlikte kutsamalarla dolup taşacağız.

4. Buluşma Çadırının Şekli

Buluşma çadırının şekli çok basittir. Bir kişi, buluşma çadırının doğusunda yer alan ve genişliği 9 metre (takribi 29.5 fit) olan kapıdan geçer. Buluşma çadırının avlusuna girildiğinde, ilk görülen tunçtan yakmalık sunu sunağıdır. Bu sunakla Kutsal Yer arasında kazan ya da tören havuzu bulunur. Bu yerin arkası, buluşma çadırının çekirdeğini oluşturan Kutsal Yer ve En Kutsal Yer'dir.

Kutsal Yer ve En Kutsal Yer'den meydana gelen buluşma çadırının boyutları şöyledir: Genişliği 4,5 (takribi 14.7 fit) metre, uzunluğu 13.5 (takribi 44.3 fit) metre ve yüksekliği 4,5 (takribi 14.7 fit) metredir. Yapı, altın kaplı akasya ağacından direklerin olduğu gümüşten bir temek üzerinde yükselir. Tavanı dört katlı perdeyle örtülüdür. İlk kata keruvlar işlenmiştir; ikinci kat keçi kılından yapılmıştır; üçüncü kat koç derisinden ve dördüncü kat kırmızıya boyanmış koç derisinden yapılmıştır.

Kutsal Yer'le En Kutsal Yer, keruvların işlendiği bir perdeyle birbirlerinden ayrılmışlardır. Kutsal Yer'in büyüklüğü, En

Buluþma Çadýrý'nýn Yapýsý

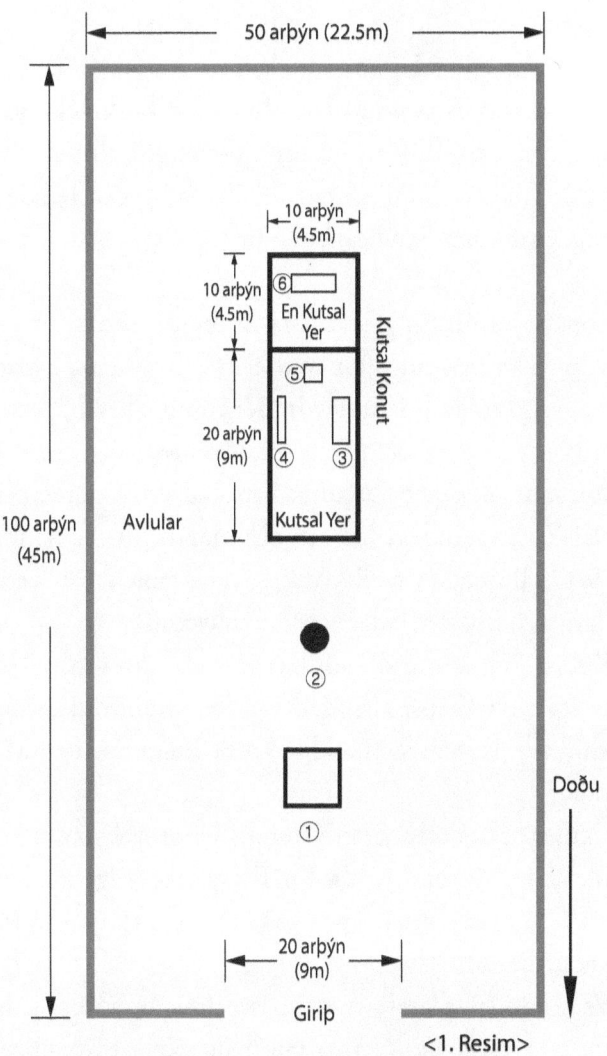

<1. Resim>

Boyutlar
Avlular: 100 x 50 x 5 arþyn
Giriþ: 20 x 5 arþyn
Kutsal Konut: 30 x 10 x 10 arþyn
Kutsal Yer: 20 x 10 x 10 arþyn
Yücelerin Yücesi: 10 x 10 x 10 arþyn
(* 1 arþyn = takribi 17.7 inç)

Takýmlar
① Yakmalýk Sunu Sunaðý
② Kazan
③ Üzerinde Sürekli Ekmek Bulundurulan Masa
④ Saf Altýndan Kandillik
⑤ Buhurluk Sunak
⑥ Levha Sandýðý (Anlaþma Sandýðý)

Kutsal Yer'in büyüklüğünün iki katıdır. Kutsal Yer'de Üzerinde Sürekli Ekmek Bulundurulan Masa (Adak Ekmeği olarak da bilinir), bir kandillik ve buhurluk sunağı bulunur. Tüm bu nesneler altından yapılmıştır. En Kutsal Yer'in içinde Levha Sandığı (Antlaşma Sandığı) bulunur.

Toparlayalım. En Kutsal Yer'in içinde Tanrı'nın yaşadığı kutsal mekân bulunuyordu ve üzerinde bağışlama kapağı olan Levha Sandığı'da bu yerdeydi. Senede bir kez başkahin, En Kutsal Yer'e Kefaret Günü'nde girer ve insanların adına kefaret sunusu sunmak için, bağışlanma kapağı üzerine kan serperdi. En Kutsal Yer'in içindeki her şey altındandı. Levha Sandığı'nın içinde On Buyruğun yazılı olduğu iki taş tablet, man içeren testi ve Harun'un filiz veren değneği bulunuyordu.

Kutsal Yer, kâhinin sunuları vermek için girdiği yerdi ve onun içersinde hepsi altından yapılmış buhurluk sunağı, bir kandillik ve Üzerinde Sürekli Ekmek Bulundurulan Masa yer alıyordu.

Üçüncü olarak, tunçtan yapılmış kazan geliyordu. Kazanın içinde, Kutsal Yer'e ya da En Kutsal Yer'e girmeden önce kâhinlerin ellerini ve ayaklarını yıkayacakları su bulundurulurdu.

Ve dördüncü olarak, tunçtan yapılmış buhurluk sunak yer alırdı; ateşe dayanacak kadar güçlüydü. Kutsal Konutun inşası bittiğinde sunağın ateşini, "RAB gönderdi (Levililer 9:24). Tanrı ayrıca sunağın ateşinin sürekli yanmasını, asla sönmemesini ve her gün iki adet bir yaşında kuzuların kurban

Resim

<2. Resim>

Buluşma Çadyry'nyň Panoramik Görüntüsü

Avlu içinde ýakmalyk sunu sunaðy (Mysyr'dan Çykyş 30:28), bir kazan (Mysyr'dan Çykyş 30:18), Kutsal Konut (Mysyr'dan Çykyş 26:1, 36:8) vardyr ve özenle dokunmuş ince ketenden perdeler asylydyr. Kutsal Konutun doğusuna sadece bir giriş vardyr (Mysyr'dan Çykyş 27:13-16) ve kurtuluşun yegâne kapysy olan Ýsa Mesih'i simgeler.

Resim

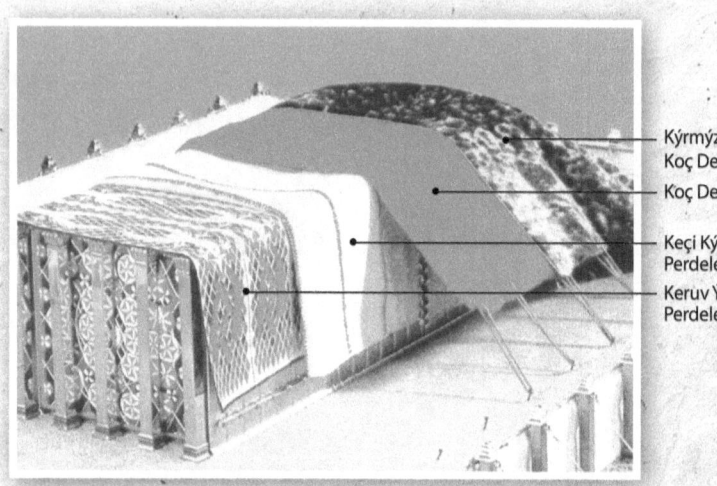

<3. Resim>

Kutsal Konut'un Örtüleri

Örtüler dört kat halinde Kutsal Konut'u kaplar. En altta keruvlaryn iþlendiði perde bulunur. Onun üzerinde keçi kýlýndan perdeler vardýr. Keçi kýlýndan perdelerin üzerinde koç derisinden ve onun da üzerinde kýrmýzý boyalý koç derisinden örtü bulunur. 3. Resimde bu örtüler, her biri görülür þekilde gösterilmiþtir. Örtülerin kaldýrýlmasýyla Kutsal Yer'in önündeki perdeler ve onlarýn gerisindeki buhurluk sunakla En Kutsal Yer'in perdeleri görülebilir.

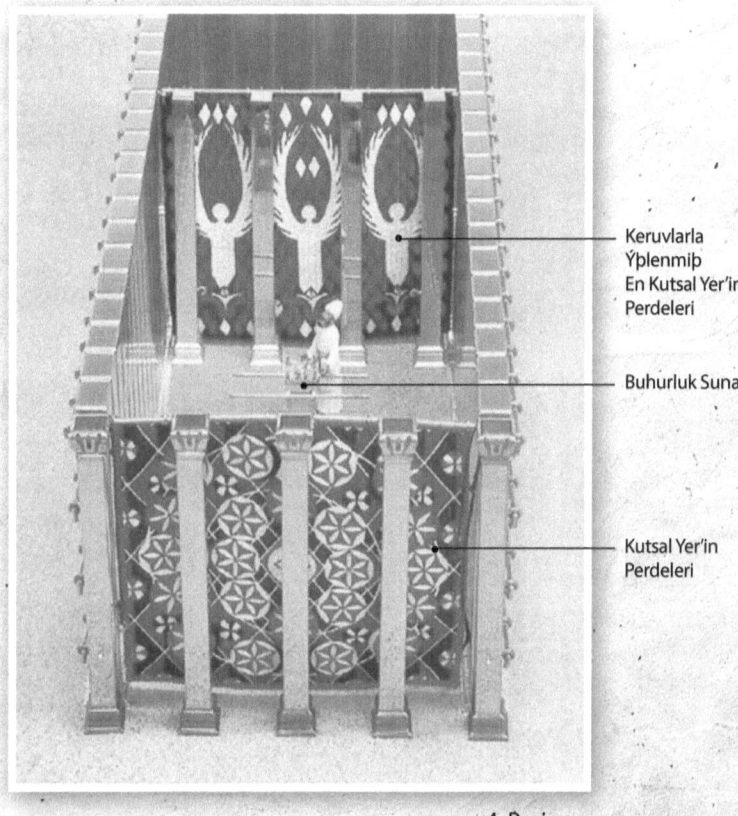

<4. Resim>

Perdenin Kaldyryldyöy Kutsal Yer'in Görüntüsü

Önde Kutsal Yer'in Perdeleri görülür ve onlaryn ardynda Buhurluk Sunakla En Kutsal Yer'in Perdeleri vardyr.

Resim

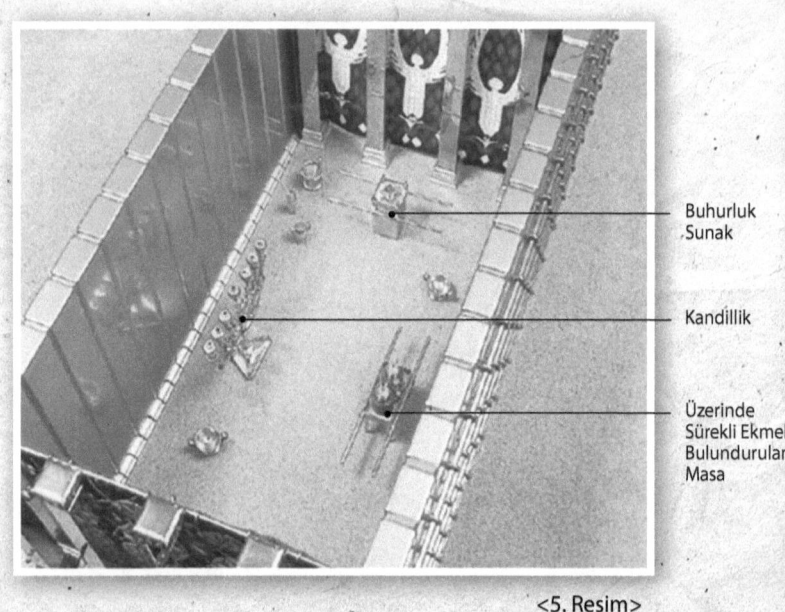

<5. Resim>

Kutsal Konut'un İçi

Kutsal Yer'in ortasında saf altından kandillik (Mısır'dan Çıkış 25:31), üzerinde sürekli ekmek bulundurulan masa (Mısır'dan Çıkış 25:30) ve geriye doğru buhurluk sunak (Mısır'dan Çıkış 30:27) bulunur.

Buhurluk Sunak

Üzerinde Sürekli Ekmek Bulundurulan Masa

Kandillik

Resim

<9. Resim>

En Kutsal Yer'in Ýçi

Kutsal Yer'in arka duvarý, En Kutsal Yer'in içi görülsün diye kaldýrýlmýþtýr. Levha Sandýðý, baðýþlanma kapaðý ve En Kutsal Yer'in perdeleri arkaya doðru görülmektedir. Senede bir kez beyazlar içersindeki baþkahin, En Kutsal Yer'e girer ve günah sunusunun kanýný döker.

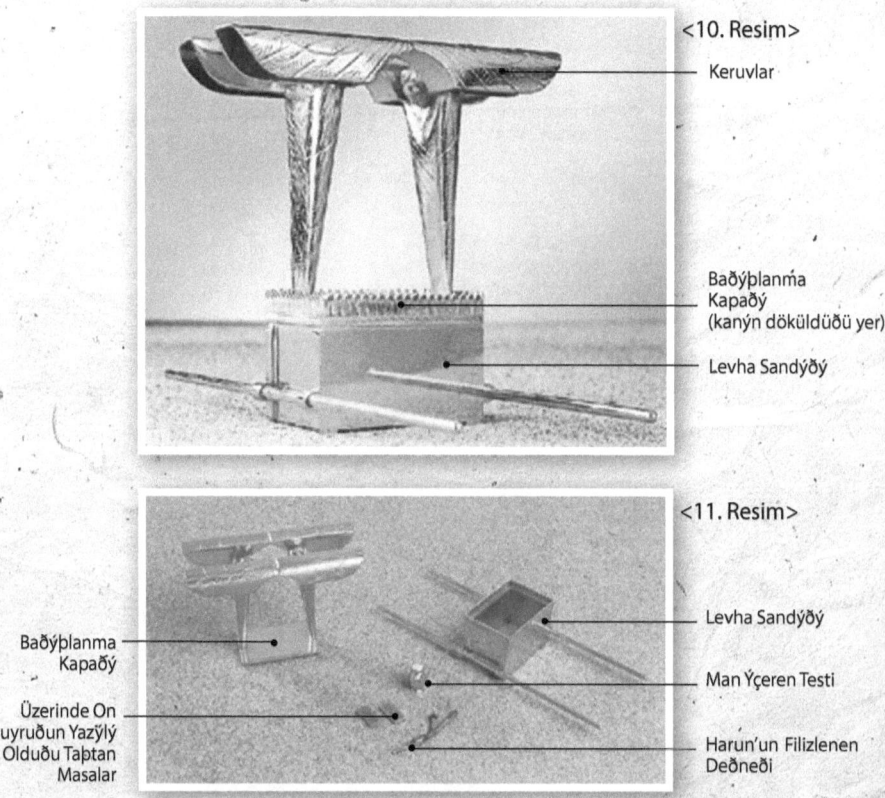

<10. Resim>
- Keruvlar
- Bağışlanma Kapağı (kanın döküldüğü yer)
- Levha Sandığı

<11. Resim>
- Levha Sandığı
- Man İçeren Testi
- Harun'un Filizlenen Değneği
- Bağışlanma Kapağı
- Üzerinde On Buyruğun Yazılı Olduğu Taştan Masalar

Levha Sandığı ve Bağışlanma Kapağı

En Kutsal Yer'in içinde saf altından yapılmış Levha Sandığı ve onun üzerinde de bağışlanma kapağı bulunur. Bağışlanma kapağı, Levha Sandığı'nın üzerine koyulur (Mısır'dan Çıkış 25:17-22) ve senede bir kez oraya kan serpiştirilir. Kapağın iki kenarına, kanatları yukarı doğru açık iki Keruv yapılır ve bunlar kanatlarıyla kapağı örter (Mısır'dan Çıkış 25:18-20). Levha Sandığı'nın içine ise On Buyruğun yazılı olduğu taş levhalar, man içeren testi ve Harun'un filiz veren değneği konulur.

Resim

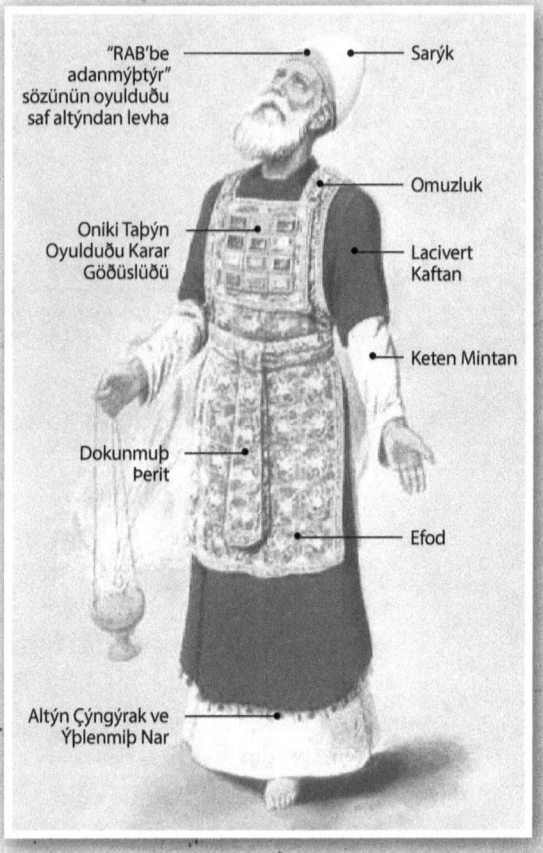

<12. Resim>

Başkahin'in Giysileri

Tapınağın bakımı ve sunular, başkahinin görevleriydi. Yılda bir kez En Kutsal Yer'e girerek Tanrı'ya sunular verirlerdi. Başkahin olmayı başaran herkesin Urim'le Tummim'i olurdu. Tanrı'nın istemini amaçlamak için kullanılan bu iki taş, kâhinin giydiği efodun üzerindeki göğüslüğün içine konulurdu. "Urim" ışığı, "Tummim" ise mükemmeliyeti simgeler.

edilmesini buyurdu (Mısır'dan Çıkış 29:38-43; Levililer 6:12-13).

5. Boğa ve Kuzu Sunularının Ruhani Önemi

Levililer 1:2 ayetinde Tanrı, Musa'ya şöyle der: *"İsrail halkıyla konuş, onlara de ki, 'İçinizden biri RAB'be sunu olarak bir hayvan sunacağı zaman, sığır ya da davar sunmalı.'"* Tapınma ayinleri esnasında Tanrı'nın çocukları O'na çeşitli sunular verirler. Ondalıklara ek olarak, şükran, yapım ve yardım gibi sunular vardır. Fakat Tanrı, biri eğer kendisine bir sunu vermek istiyorsa, o sununun "sığır ya da davar" olmasını buyurur. Bu ayet ruhani bir anlam içerdiğinden, ayetin kelime kelimesine buyurduğunu yapmamalı, ama önce ruhani anlamını anlamalı ve ondan sonra Tanrı'nın isteğine göre sunularımızı vermeliyiz.

Sığır ya da davar sunmanın ruhani anlamı nedir? Tanrı'ya ruhta ve gerçekte tapınmamız ve kendimizi diri ve kutsal birer kurban olarak vermemiz anlamını taşır. Bu "ruhsal tapınmadır" (Romalılar 12:1). Dua da her daim uyanık olmalı ve sadece ayinler esnasında değil, ama günlük yaşantılarımızda da kutsal davranmalıyız. O zaman tapınmamız ve tüm sunularımız, Tanrı'nın ruhsal tapınma olarak sayacağı diri ve kutsal bir kurban olur.

Tanrı neden tüm hayvanlar içersinde kendisine boğa ya da kuzu sunmalarını İsrail halkına buyurmuştur? Tüm hayvanlar arasında boğalar ve kuzular, insanların kurtuluşu için kefaret sunusu olan İsa'yı en uygun şekilde temsil eder. Şimdi İsa ile "boğalar" arasındaki benzerlikleri inceleyelim.

1) Boğa insanların külfetlerini yüklenir

Nasıl ki boğalar insanların yüklerini sırtladıysa, İsa'da bizlerin günahlarını yüklenmiştir. Matta 11:28 ayetinde İsa bizlere şöyle der: *"Ey bütün yorgunlar ve yükü ağır olanlar! Bana gelin, ben size rahat veririm."* İnsanlar zenginlik, ün, saygınlık, güç ve arzuladıkları tüm diğer şeyler için mücadele verip her türlü çabayı gösterirler. Boğanın taşıdığı onca farklı yük gibi, insanda günahı taşır ve yaşamını sınamaların, sıkıntıların ve kederin ortasında yaşar.

İsa'nın kendisi bir kefaret sunusu olarak kanını dökmüş ve tahtadan bir çarmıha gerilerek tüm külfetleri ve hayatın yüklerini sırtlanmıştır. İnsan, Rab'be iman ederek, tüm sıkıntılarının ve günahlarının yükünü boşaltır, esenliğin ve huzurun tadını çıkarır.

2) Boğalar insana sorun çıkarmaz; onlara sadece faydaları dokunur

Boğalar sadece itaatle insanların işlerini görmekle kalmaz, ama onlara ayrıca sütlerini, etlerini ve postlarını verirler. Başından toynaklarına kadar boğanın faydasız olan hiçbir yeri yoktur. İsa'da aynı şekilde sadece insana faydalı olmuştur. Göklerin müjdesini yoksula, hastaya ve terk edilmişe duyurarak, onlara rahatlık ve umut vermiştir; kötülüğün zincirlerini gevşetmiş, hastalıklara ve sakatlıklara şifa olmuştur. Uyumadan veya yemeden her yolu deneyerek, Tanrı'nın sözünü tek bir insana öğretmenin çabasını vermiştir. Yaşamını sunarak ve çarmıha gerilerek, cehennem yolunda ilerleyen günahkârlara kurtuluş yolunu açmıştır.

3) Boğalar etleriyle insana besin sağlar

İsa, günlük ekmeklerini çıkarsınlar diye insanlara bedenini ve kanını vermiştir. Yuhanna 6:53-54 ayetlerinde bize şöyle der: *"İsa onlara şöyle dedi: Size doğrusunu söyleyeyim, İnsanoğlu'nun bedenini yiyip kanını içmedikçe, sizde yaşam olmaz. Bedenimi yiyenin, kanımı içenin sonsuz yaşamı vardır ve ben onu son günde dirilteceğim."*

İsa, bir beden olarak yeryüzüne gelen Tanrı'nın sözüdür. Bu yüzden O'nun bedenini yemek ve kanını içmek, Tanrı'nın sözünü ekmeğimiz kılmak ve söze göre yaşamaktır. Nasıl ki insan yiyerek ve içerek yaşamını sürdürüyorsa, bizlerde sadece Tanrı'nın sözünü yiyerek ve onu ekmeğimiz kılarak sonsuz yaşamı kazanabilir ve göklere girebiliriz.

4) Boğalar Toprağı Sürerek Verimli Bir Toprağa Dönüştürürler

İsa, insanın yüreğinin tarlasını yetiştirir. Matta 13. Bölümde insanın yüreğinin dört çeşit toprakla kıyaslandığı bir benzetme vardır. Bunlar yol kenarı, kayalık, dikenli ve verimli topraklardır. İsa bizleri tüm günahlarımızdan kurtardığı için, Kutsal Ruh yüreklerimizde yaşayacak yer bulur ve bize güç verir.

Yüreklerimiz, Kutsal Ruh'un yardımıyla iyi toprağa dönüşebilir. Günahlarımızdan bağışlanmamızı sağlayan İsa'nın kanına güvendikçe ve şevkle gerçeğe itaat ettikçe, yüreklerimiz verimli, zengin ve iyi bir toprağa dönüşür; ektiklerimizin 30, 60 ve 100 katıyla ruhta ve benlikte kutsanabiliriz.

Peki, kuzularla İsa arasında ne gibi benzerlikler vardır?

1) Kuzular uysaldır

Uysal veya yumuşak huylu insanlardan bahsettiğimizde genelde onları kuzuya benzetiriz. İsa, tüm insanlar arasında en uysal olanıdır. İsa'yla ilgili Yeşaya 42:3 ayeti şöyle yazar: *"Ezilmiş kamışı kırmayacak, Tüten fitili söndürmeyecek. Adaleti sadakatle ulaştıracak."* Kötülük yapanlara, yoldan sapanlara ve tövbe edip sonra yeniden günah işleyenlere bile İsa sonuna kadar sabır göstermiş, onların gittikleri yoldan dönmelerini beklemiştir. Yaratan Tanrı'nın Oğlu ve tüm insanlığı yok edecek yetkinliğe sahip olmasına rağmen bizlere sabır göstermiş ve hatta kendisini çarmıha geren kötülere bile sevgi göstermiştir.

2) Kuzu itaatkârdır

Bir kuzu, çobanı onu kırpmaya götürdüğünde dahi itaatle sakin durur. 2. Korintliler 1:19 ayeti şöyle yazar: *"Silvanus ve Timoteos'la birlikte size tanıttığımız Tanrı'nın Oğlu İsa Mesih hem "evet" hem "hayır" değildi. O'nda yalnız "evet" vardır.""* İsa kendi isteği üzerinde diretmedi, ama ölene dek Tanrı'ya itaat etti. Yaşamı boyunca İsa, sadece Tanrı'nın seçtiği yerlere gitti ve Tanrı'nın kendisinden yapmasını arzuladıklarını yaptı. Çarmıhın yaklaşan ızdırabını bilmesine rağmen Baba'nın isteğini yerine getirmek için itaatle katlandı.

3) Kuzu temizdir

Burada geçen kuzu, henüz çiftleşmemiş bir yaşında bir kuzudur (Mısır'dan Çıkış 12:5). Bu yaştaki bir kuzu, yaşı genç olan sevimli ve temiz bir insanla – veya lekesiz ve kusur İsa'yla– eştir. Kuzularda yünlerini, etlerini ve sütlerini verirler. Ve asla insanlara zarar vermez, ama onlara faydalı olurlar. Daha önce bahsedildiği gibi, İsa bedenini ve kanını sunmuş, kendisini tamamen bizlere vermiştir. Baba Tanrı'ya tam bir itaatle, İsa O'nun isteğini yerine getirmiş ve Tanrı'yla insanlar arasında duran günah duvarını yıkmıştır. Bu gün bile hala yüreklerimizi yetiştirir ki, saf ve verimli topraklara dönüşebilsinler.

Nasıl ki Eski Ahit zamanı insanları günahlarından boğalar ve kuzular sayesinde aklandıysa, İsa'da çarmıhta bir kurban olarak kendisini sunmuş ve kanıyla sonsuz kurtuluşu sağlamıştır (İbraniler 9:12). Bu gerçeğe iman ettikçe, İsa'nın sunusunun Tanrı'nın nazarında ne kıymetli olduğunu anlarız. Ve böylece İsa Mesih'in sevgisine ve lütufuna şükran duyabilir, O'nun yaşamının izinden gidebiliriz.

3. Bölüm

Yakmalık Sunu

"Kişi hayvanın işkembesini,
bağırsaklarını ve ayaklarını yıkayacak.
Kâhin de hepsini yakmalık sunu,
yakılan sunu ve RAB'bi hoşnut eden koku olarak
sunağın üzerinde yakacaktır."

Levililer 1:9

1. Yakmalık Sununun Önemi

Levililer'de bahsi geçen sunuların ilki olan yakmalık sunu, tüm sunular içinde en eski olanıdır. "Yakmalık sunu" ifadesinin etimolojisi, "yükselmesini sağlamaktır." Yakmalık sunu, sunağa yerleştirilen ve tamamen ateşte yakılan bir kurbandır. İnsanın bütünüyle kendini kurban etmesini, adanmışlığını ve gönüllü hizmetini simgeler. Kurban olarak sunulan hayvanın ateşe verilmesinden yükselen güzel kokuyla Tanrı'yı hoşnut eden yakmalık sunu, en yaygın sunu şeklidir; İsa'nın günahlarımızı yüklendiği, kendisini tam bir kurban olarak sunduğu ve Tanrı'ya sunulan güzel bir koku olduğu gerçeğinin bir göstergesidir (Efesliler 5:2).

Tanrı'yı kokuyla hoşnut etmek, Tanrı'nın kurban edilen hayvanın kokusunu alabildiği anlamına gelmez. Kendisine kurban sunan kişinin yüreğinin kokusunu kabul ettiği anlamına gelir. Tanrı, kurban sunan kişinin Tanrı'dan ne kadar korktuğuna ve nasıl bir sevgi beslediğine bakar. Ve bundan sonra o kişinin adanmışlığını ve sevgisini kabul eder.

Yakmalık bir sunu olarak Tanrı'ya kurban edilen bir hayvanın kesilmesi, yaşamlarımızı Tanrı'ya adadığımızı ve bize buyurduğu her şeye itaat ettiğimizi simgeler. Diğer bir deyişle, yakmalık sununun ruhani anlamı, bütünüyle Tanrı'nın sözüne göre yaşamak, temiz ve kutsal bir şekilde yaşamlarımızı her yönüyle O'na sunmaktır.

Günümüz açısından Paskalya, Hasat bayramı, Şükran Bayramı, Noel ve Pazar ayinlerine katılarak, Tanrı'nın isteğine göre yaşamlarımızı O'na adamayı vaat eden yüreklerimizin bir ifadesidir. Her Pazar ayinlere katılmak ve pazarları kutsal gün saymak, Tanrı'nın çocukları olduğumuzun ve ruhlarımızın O'na ait olduğunun bir kanıtı görevini görür.

2. Yakmalık Sunu Kurbanı

Tanrı, mükemmelliğin simgesi olan "kusursuz erkek" bir yakmalık sunun kurban edilmesini buyurmuştur. Erkek olanlarını ister, çünkü genelde erkeklerin ilkelerine, dişilerden daha fazla bağlı olduğu düşünülür. Sağa-sola yalpalamaz, kurnazlık yapmaz ve tereddüt etmezler. Ayrıca Tanrı'nın "kusursuz" bir sunu istemesi, insanların ruhta ve gerçekte tapınması, eksik bir ruhla tapınmaması gerektiği gerçeğini simgeler.

Ebeveynler, sevgi ve ilgiyle verdiğimiz hediyeleri memnuniyetle kabul ederler. Gönülsüz verilenleri hoşnutlukla karşılamazlar. Aynı bunun gibi, Tanrı'da sevinçten yoksun, bitkin, uyuşuk ve boş düşünceler içinde sunulan tapınmaları kabul etmez. Yüreklerimizin derinlikleri göklere umut, kurtuluşun lütufuna şükran ve Rab'bimize sevgi beslediğinde, Tanrı tapınmalarımızı sevinçle kabul edecektir. Ancak o zaman günaha sürüklenmeyeceğimiz ve sıkıntılardan kaçacağımız bir yolu bize gösterir ve tüm yollarımızın gönenç içinde olmasını sağlar.

Levililer 1:5 ayetinde, Tanrı'nın kurban edilmesini

buyurduğu "genç bir boğa", henüz çiftleşmemiş boğayı simgeler ve ruhani açıdan İsa Mesih'in saflığını ve bütünlüğünü ifade eder. Bu yüzden ayetin taşıdığı anlam; Tanrı'nın bizlerden bir çocuğun yüreğinin saflığı ve içtenliğiyle O'nun huzuruna çıkmamızı arzuladığıdır. Çocukça ya da toyca davranmamızı değil, ama bir çocuğun basit, itaatkâr ve alçakgönüllü yüreğini taşımamızı arzular.

Genç bir boğanın boynuzları henüz çıkmadığından boynuz atamaz ve kötülükten uzaktır. Bu özellikleri de bir çocuk gibi yumuşak huylu, alçakgönüllü ve uysal İsa Mesih'e benzer. İsa Mesih, Tanrı'nın lekesiz ve yetkin oğlu olduğundan, O'na benzeyen bir sunu da kusursuz ve lekesiz olmalıdır.

Malaki 1:6-8 ayetlerinde, Tanrı kendisine kusurlu ve yetkin olmayan sunular veren İsrail halkını sert bir şekilde azarlar:

"Oğul babasına, kul efendisine saygı gösterir" diyor, "Eğer ben babaysam, hani bana saygınız? Eğer efendiysem, hani benden korkunuz? "Oysa siz, 'Adını nasıl küçümsedik?' diye soruyorsunuz. Hem sunağıma murdar yiyecek getiriyor, hem de, 'Yiyeceği nasıl murdar ettik?' diye soruyorsunuz. Kör hayvan kurban etmek kötü değil mi? Topal ya da hasta hayvan kurban etmek kötü değil mi? Böyle bir hayvanı kendi valine sun bakalım! Senden hoşnut kalır mı, ya da seni kabul eder mi?" Böyle diyor Her Şeye Egemen RAB."

Ruhta ve gerçekte tapınarak, Tanrı'ya lekesiz, kusursuz ve yetkin sunular vermeliyiz.

3. Farklı Sunuların Anlamı

Adaletin ve merhametin Tanrısı, insanın yüreğine bakar. Bu yüzden sununun büyüklüğüyle, değeriyle ya da fiyatıyla ilgilenmez, ama insanların kendi koşulları doğrultusunda gösterdiği özeni önemser. 2. Korintliler 9:7 ayetinde, *"Herkes yüreğinde niyet ettiği gibi versin; isteksizce ya da zorlanmış gibi değil. Çünkü Tanrı sevinçle vereni sever,"* dediği gibi, şartlarımıza uygun ve sevinçle verdiklerimizi, Tanrı memnuniyetle kabul eder.

Levililer 1. Bölümde, Tanrı genç boğaların, kuzuların, keçilerin ve kuşların nasıl kurban edileceklerini detaylıca açıklar. Yakmalık sunu olarak kusursuz genç boğalar, Tanrı'ya verilebilecek en uygun kurbanlarken, bazı insanların gücü boğa almaya yetmez. Bu yüzden, Tanrı her bireyin koşul ve şartlarına göre kendisine kuzu, keçi ya da güvercin sunulmasına merhameti ve şefkatiyle izin verir. Bunun ruhani anlamı nedir?

1) Tanrı, bireylerin kudretlerine uygun verilen sunuları kabul eder

İnsanların mali kudretleri ve koşulları farklılık gösterir. Bazı insanlar için küçük olan, diğerleri için büyük bir miktardır. Bu sebeple, Tanrı bireylerin kudretlerine göre kendisine sunulan kuzuları, keçileri ve güvercinleri hoşnutlukla kabul etmiştir. Bu, ister yoksul isterse zengin olsun, her bireyin kudretine göre sunulara iştirak etmesini sağlayan Tanrı'nın adaleti ve sevgisidir.

Tanrı, boğa almaya gücü yetmesine rağmen kendisine keçi kurban eden bir insanın sunusunu hoşnutlukla kabul etmez. Fakat kurban verebileceği hayvan kuzu iken, kendisine boğa kurban eden bir insanın yüreğinin arzularını da hoşnutlukla ve hızla yanıtlar. İster boğa, isterse kuzu, keçi ya da güvercin olsun, Tanrı her birinin "hoşnut eden bir koku" olduğunu söylemiştir (Levililer 1:9, 13, 17). Her ne kadar verilen sunuların dereceleri farklı olsa da, insanın yüreğine bakan Tanrı için gönülden verdiğimiz tüm sunular hoşnut eden koku olduğundan, aralarında bir fark yoktur.

Markos 12:41-44 ayetlerinde, İsa'nın yoksul bir duldan sunu vermesini buyurduğu bir sahne vardır. Kadının attığı birkaç kuruş değerindeki bakır para o döneme göre çok az bir paraydı, ama kadının sahip olduğu her şeydi. Tanrı'ya en iyi şekilde ve memnuniyetle verdiğimizde, sunu ne kadar küçük olursa olsun, Tanrı'yı hoşnut eden sunu olur.

2) Tanrı her bireyin idrak yetisine uygun tapınmaları kabul eder

Tanrı'nın sözünü dinleyen bireylerin idrak yetisine, eğitimlerine, geçmişlerine ve bilgilerine göre kavrayışları ve lütuf farklılık gösterir. Aynı dini ayinde bulunan daha zeki ve daha eğitimli insanlara kıyasla daha az zeki ve eğitimsiz insanların Tanrı'nın sözünü anlama yetisi ve hatırlaması daha düşüktür. Tanrı tüm bunları bildiğinden, her bireyin yüreğinin derinliklerinden kendi idrak yetisinin çerçevesi içinde tapınmasını, anlamasını ve söze göre yaşamasını ister.

3) Tanrı her bireyin yaşına ve zihinsel zekâsına uygun tapınmaları kabul eder

İnsanlar yaşlandıkça, hafıza ve kavrayış güçlerini kaybederler. Bu yüzden pek çok yaşlı insan, Tanrı'nın sözünü anlayamaz veya akıllarında tutamaz. Buna rağmen böyle insanlar bile içten bir yürekle kendilerini tapınmaya adadıklarında, Tanrı her bireyin koşullarını bilir ve hoşnutlukla onların tapınmalarını kabul eder.

Kutsal Ruh'un esinlemesiyle bir insan tapındığında, bilgelikten veya bilgiden yoksun ya da yaşlı olsa da, Tanrı'nın gücünün o insanla birlikte olduğunu aklınızdan çıkarmayın. Tanrı, Kutsal Ruh'un işleriyle o insanın anlamasına ve sözü ekmeği kılmasına yardım eder. Dolayısıyla, "Yetersizim" ya da "Çabalamama rağmen olmuyor" diyerek vazgeçmeyin, ama yürekten her çabayı verdiğinizden ve Tanrı'nın gücünü kazanmaya çalıştığınızdan emin olun. Sevgi Tanrımız, her bireyin azami çabası, koşulları ve içinde bulunduğu durumlara uygun verilen sunuları hoşnutlukla kabul eder. İşte bu yüzden Levililer bölümünde yakmalık sunuları detaylıca anlatmış ve adaletini ilan etmiştir.

4. Boğa Sunusu (Levililer 1:3-9)

1) Buluşma Çadırı'nın Girişinde Kusursuz Genç Bir Boğa

Buluşma Çadırı'nın içinde Kutsal Yer ve En Kutsal Yer bulunur. Kutsal Yer'e sadece kâhinler ve En Kutsal Yer'e de sadece başkahinler senede bir kez girebiliyorlardı. Bu sebeple, Kutsal Yer'e giremeyen halktan insanlar, buluşma çadırının girişinde kusursuz genç boğaları yakmalık sunu olarak kurban ediyorlardı.

Fakat İsa, bizlerle Tanrı arasında duran günah duvarını yıkmış olduğundan, artık Tanrı'yla doğrudan ve içten bir paydaşlık içinde olabiliriz. Eski Ahit zamanı insanları, eylemleriyle buluşma çadırının girişinde sunularını veriyorlardı. Fakat Kutsal Ruh, yüreklerimizi tapınağı kıldığından ve bu gün bizimle paydaşlık içinde olduğundan, Yeni Ahit zamanında yaşayan bizler, Tanrı'nın huzurunda En Kutsal Yer'e girme hakkını elde ettik.

2) Günahın Yüklenmesi ve Kanın Dökülmesi için Ellerin Yakmalık Sununun Başına Konulması

Levililer 1:4 ayetinden itibaren şu sözleri okuruz: *"Elini yakmalık sununun başına koymalı. Sunu kişinin günahlarının bağışlanması için kabul edilecektir."* Ellerin yakmalık sununun başının üzerine konulması, bir kişinin günahlarının yakmalık sunuya yüklenmesini simgeler ve Tanrı, ancak o zaman yakmalık sununun kanıyla kişiyi günahlarından bağışlar.

Ellerin başın üzerine konulması, günahların yüklenmesi yanı sıra kutsamaları ve meshedilmeyi de simgeler. İsa'nın, kutsadığında ya da insanları hastalık ve sakatlıklardan iyileştirdiğinde, ellerini o kişilerin üzerine koyduğunu biliyoruz. Elçiler, ellerini insanların üzerine koyarak, Kutsal Ruh'u almalarına yardım etmiştir; armağanlar bile adeta yağmıştır. Ayrıca ellerin üzerine konulması, o şeyin Tanrı'ya adandığını simgeler. Bir din görevlisinin ellerini çeşitli sunuların üzerine koyması, o sunuların Tanrı'ya verildiğini ifade eder.

Ayinlerin sonuna doğru okunan Bereket Duası ya da dua toplantısı bitiminde okunan Rab'bin Duası, Tanrı'nın bu ayinleri ve toplantıları hoşnutlukla kabul etmesi içindir. Levililer 9:22-24 ayetlerinde, Tanrı'nın talimatlarına uygun şekilde günah ve yakmalık sunular Tanrı'ya adandıktan sonra, Başkahin Harun'un *"ellerini halka doğru uzatarak onları kutsadığı"* bir sahne betimlenir. Rab'bin Gününü kutsal sayarak tuttuktan ve bereket duasıyla ayini sonlandırdıktan sonra, Tanrı bizi düşman iblis ve Şeytan yanı sıra akıllarımızın çelinmesinden ve sıkıntılardan korur ve taşan kutsamaların tadını çıkarmamızı sağlar.

Yakmalık sunu olarak kusursuz erkek bir genç boğanın kanının akıtılması insan için ne anlama gelir? Günahın ücreti ölüm olduğundan, insanlar kendilerinin yerine hayvanların kanını akıtmıştır. Henüz çiftleşmemiş genç bir erkek boğa, tıpkı masum bir çocuk gibi sevimlidir. Tanrı, her bireyin masum bir çocuğun yüreğiyle yakmalık sunu vermesini ve bir daha asla günah işlememesini istemiştir. Bu amaçla her birinin günahlarından tövbe etmesini ve yüreklerini dönüştürmelerini istemiştir.

Elçi Pavlus, Tanrı'nın ne istediğini gayet iyi biliyordu ve bu yüzden günahları bağışlandıktan ve kendisine Tanrı'nın bir çocuğu olarak güç ve yetkinlik verildikten sonra bile "her gün öldü." 1. Korintliler 15:31 ayetinde şu ikrarda bulunmuştur: *"Kardeşler, sizinle ilgili olarak Rabbimiz Mesih İsa'da sahip olduğum övüncün hakkı için her gün ölüyorum."* Çünkü ancak gerçeğe ait olmayan yürek, kibir, açgözlülük, kişilerin kendine has oluşturduğu düşünce yapısı ve doğruluğu; kötü olan tüm diğer şeyler gibi Tanrı'ya karşı olan her şeyi söküp attıktan sonra O'na kutsal ve diri kurbanlar olarak bedenlerimizi sunabiliriz.

3) Kâhinin Kanı Sunağın Her Yanına Dökmesi

Kurbanı veren kişinin günahının yüklendiği genç boğayı kestikten sonra, kâhin buluşma çadırının girişindeki sunağın çevresine kanı serpiştirir. Levililer 17:11 ayetinde, *"Çünkü canlılara yaşam veren kandır. Ben onu size sunakta kendinizi günahtan bağışlatmanız için verdim. Kan yaşam karşılığı günah bağışlatır,"* yazmış olduğu gibi, kan yaşamı simgeler. Aynı sebeple İsa'da bizleri günahlarımızdan kurtarmak için kanını dökmüştür.

"Sunağın çevresi", doğuyu, batıyı, kuzeyi, güneyi ya da kısaca "insanın gittiği her yeri" simgeler. "Sunağın çevresine" kanı serpiştirmek, insanın attığı her bir adımında günahlarının bağışladığını ifade eder. Her şekilde işlenen günahlarımızdan bağışlanacağımız ve kaçınmamız gereken tüm yönlerden uzaklaşarak Tanrı'nın istediği istikameti alacağımız anlamına gelir.

Bu günde böyledir. Sunak, Tanrı'nın sözünün duyurulduğu kürsüdür ve ayinleri yürüten Rab'bin hizmetkârı, kanı serpiştiren kâhindir. Ayinlerde Tanrı'nın sözünü dinler, imanla ve Rab'bin kanından aldığımız güçle, Tanrı'nın isteğine ters olup yaptığımız her şeyden bağışlanırız. Kanla günahlarımızdan bir kez bağışlandığımızda, her daim günahtan uzak kalmak için, sadece Tanrı'nın bizden istediği yere gitmeli ve ayak basmalıyız.

4) Yakmalık Sunuyu Yüzüp Parçalara Ayırmak

Yakmalık sunu olarak sunulan bir hayvanın önce derisi yüzülmeli ve sonra tamamen ateşte yakılmalıdır. Hayvan derileri serttir ve tamamen yakılmaları zordur; yakıldıklarında kötü bir koku yayarlar. Bu sebeple, yakmalık sunu olarak yakılmadan önce hayvanların derileri yüzülmelidir. Günümüz ayinlerinde bu işlem neye tekabül eder?

Tanrı, kendisine tapınan kişinin kokusunu alır ve kokusu olmayan hiçbir şeyi kabul etmez. Bir tapınmanın Tanrı'ya sunulan hoş bir koku olması için, dünyayla lekelenen görünümlerimizi söküp atmalı ve kutsal bir şekilde Tanrı'nın huzuruna gelmeliyiz. Tüm yaşamımız boyunca Tanrı'nın önünde günah sayılmayan çeşitli durumlarla karşılaşırız belki ama, bunlar günah olmadıkları gibi kutsal olmaktan da çok ötedir. Mesih'teki yaşamlarımızdan önce sahip olduğumuz bu gibi haller hala bizde mevcut olabilir; savurganlık, kibir ve övünç tekrar su yüzüne çıkabilir.

Örneğin bazı insanlar "vitrinlere bakmak" için market ve alışveriş merkezlerine gitmeyi sever ve böylece bu yerlere gidip alışveriş yapmayı alışkanlık haline getirirler. Diğerleri ise televizyonlara ya da video oyunlarına bağımlıdır. Eğer yüreklerimiz bu tür şeyler tarafından ele geçirilmiş ise, Tanrı'nın sevgisinden uzak büyürüz. Dahası kendimizi incelersek, dünyayla lekelenmiş ve Tanrı'nın huzurunda yetkin olmayan gerçekten uzak görünümlerimizi bulabileceğiz. Tanrı'nın huzurunda yetkin olmak için tüm bunları söküp atmalıyız. O'nun huzuruna tapınmak için geldiğimizde, öncelikle yaşamımızın tüm bu tarz dünyevi yönlerinden tövbe etmeli ve yüreklerimizi çok daha kutsal kılmalıyız.

Ayinden önce dünyanın günahkâr, kirli ve yetkin olmayan lekeli görünümlerinden tövbe etmek, yakmalık sununun derisinin yüzülmesine karşılık gelir. Bunu yapmak için ilk olarak ayinlere erken gelerek yüreklerimizi uygun kılmalıyız. Tüm günahlarınızdan sizi bağışladığı ve koruduğu için, Tanrı'ya şükran duası ettiğinizden ve kendinizi gözden geçirip tövbe duası ettiğinizden emin olun.

İnsanların Tanrı'ya sundukları derisi yüzülmüş, parçalara ayrılmış ve ateşe verilmiş kurbanlarının karşılığında, Tanrı'da onların suç ve günahlarını bağışlıyor, geriye kalan derinin kâhinin uygun gördüğü bir amaç için kullanmasına izin veriyordu. "Parçalara ayırmak", hayvanın başını ve bacaklarını, böğürlerini, postunu ve işkembesiyle bağırsaklarını ayırmaktır.

Bizden daha kıdemli olan insanlara karpuz ya da elma gibi meyveler ikram ederken, onları bütün olarak sunmaz ama hoş görünsünler diye soyarak veririz. Aynı şekilde Tanrı'ya sunular verirken de, tüm sunuyu yakmaz ama hoşça düzenlenmiş bir şekilde sunarız.

"Sunuları parçalara ayırmanın" ruhani önemi nedir?

İlk olarak, Tanrı'ya sunulan tapınmalar farklı şekillerde sınıflandırılır. Pazar sabahı ve akşam ayinleri, Çarşamba akşamı ayinleri ve Cuma tüm gece boyu ayinleri vardır. Tapınma hizmetlerinin bu bölümleri, sunuların "parçalara ayrılmasına" denk düşer.

İkinci olarak, dua başlıklarımız, sunuların "parçalara ayrılmasına" eştir. Genellikle dua, tövbe ve kötü ruhları kovmak ile başlar ve şükran duasıyla devam eder. Bunlardan sonra kiliseyle ilgili konular, mabedin inşası, pederler ve kilise çalışanları, görevlerimizi yürütebilme, bir kişinin canının gönenç içinde olması ve yüreğinin arzuları gibi başlıklar gelir ve dua sonlanır.

Hiç kuşkusuz yolda yürürken, araba kullanırken veya dinlenirken de dua edebiliriz. Tanrı ve Rab'i derin derin düşünürken, sessizlik içinde O'nunla paydaşlık içinde olacağımız zamanlara sahip olabiliriz. Tefekkür zamanlarından başka, dua başlıklarının teker teker ele alındığı zamanların tahsis edilmesinin, kurbanı parçalara ayırmak kadar önemli olduğunu aklınızdan çıkarmayın. Tanrı o zaman dualarımızı hoşnutlukla kabul eder ve hızla yanıtlar.

Üçüncü olarak, sunuyu "parçalara ayırmak", bir bütün olan

Tanrı sözünün 66 kitaba ayrıldığı anlamını taşır. Kutsal Kitap'ın 66 kitabı, yaşayan Tanrı'nın birliğini ve İsa Mesih aracılığıyla kurtuluşun takdiri ilahisini açıklar. Fakat Tanrı'nın sözleri, ayrı ayrı kitaplara ayrılmıştır. Ve her bir kitabın içindeki söz, aralarında ayrılık olmayacak şekilde birbiriyle eştir. Tanrı'nın sözü sınıf sınıf ayrıldığından, sözü daha sistematik iletilir ve O'nun sözünü ekmeğimiz kılmak kolaylaşır.

Dördüncü ve en önemlisi şudur: Sununun "parçalara ayrılması", ayinlerin bölümlere ayrıldığını ve çeşitli içeriklerden meydana geldiğini ifade eder. Ayinden önce edilen tövbe duasını, ayine hazırlayan kısa süreli bir tefekkür zamanı izler ki bu, ilk bölümdür. Ve ayin Rab'in duasıyla ya da bereket duasıyla son bulur. Bu ikisinin arasında sadece Tanrı'nın sözü duyurulmakla kalmaz, ama ayrıca şefaat duası, ilahiler, İncil'den okumalar, sunular ve diğer kısımlarda yer alır. Her birinin kendine has bir önemi vardır. Bu düzenden oluşan tapınma, kurbanlık sununun parçalara ayrılmasına tekabül eder.

Nasıl ki kurbanın tüm parçalarının yakılmasıyla yakmalık sunu tamamlanıyorsa, bizlerde tam bir bütünlük içinde baştan sona tapınmaya kendimizi adamalıyız. Mutlak bir gereklilik arz etmedikçe kiliseye geç gelinmemeli ya da ayin sonlanmadan gidilmemelidir. Gönüllüler ve yer göstericiler gibi bazı kişiler, kilisenin belli işlerini yapmakla görevlidir ve onların ayin sonlanmadan çıkmalarına müsaade edilir. İnsanlar, Çarşamba akşamı ayinlerine ya da Cuma tüm gece-boyu ayinlerine zamanında gelmeyi arzu edebilir, ama belki işleri ya da diğer kaçınılmaz koşullar yüzünden gecikebilirler. Böyle olsa da, Tanrı onların yüreklerine bakar ve onların tapınmalarının kokusunu alır.

5) Kâhinin Sunak Ateşini Yakıp Odunları Dizmesi

Sunuyu parçalara ayırdıktan sonra, kâhin tüm parçaları sunak üzerinde dizmeli ve onları ateşe vermelidir. Bu sebeple, kâhinlere, "sunak ateşini yakıp odunları dizmeleri" talimatı verilmiştir. Burada "ateş", ruhani açıdan Kutsal Ruh'un ateşini simgeler; "odunların dizilmesi" ise, Kutsal Kitap'ın içeriğini ve bölümlerini simgeler. Kutsal Kitap'ın 66 kitabında yer alan her bir söz, ateşte yakılacak odun misali kullanılmalıdır. "Odunların dizilmesi", Kutsal Ruh'un yardımıyla Kutsal Kitap'ın içinde yer alan her bir sözü ruhani ekmeğimiz kılmaktır.

Örneğin Luka 13:33 ayetinde İsa şöyle der: *"Bir peygamberin Yeruşalim'in dışında ölmesi düşünülemez!"* Bu ayeti düz anlamıyla yorumlamanın bir faydası olmaz, çünkü elçi Pavlus ve Petrus gibi pek çok Tanrı adamının "Yeruşalim'in dışında" öldüğünü biliyoruz. Bu ayette geçen "Yeruşalim" sözü zaten cismani Yeruşalim kentini değil, ama Tanrı'nın yüreğini ve istemini taşıyan, Tanrı'nın sözü olan "ruhani Yeruşalim'i" kasteder. Bu yüzden "Bir peygamberin Yeruşalim'in dışında ölmesi düşünülemez" cümlesi, bir peygamberin Tanrı'nın sözünün sınırları içinde yaşayıp öleceğini ifade eder.

İncil'de okuduklarımızı ve ayinler esnasında dinlediğimiz vaazları anlayabilmek, ancak Kutsal Ruh'un esinlemesiyle olabilir. İnsanın bilgisinin, düşüncelerinin ve yorumlarının ötesinde olan Tanrı Sözünün her parçası, Kutsal Ruh'un esinlemesiyle anlaşılabilir ve o zaman söze yürekten inanabiliriz. Kısaca, ancak Tanrı'nın yüreğinden bizlere iletmesi ve yüreklerimizde kök salmasıyla sonuçlanacak Kutsal Ruh'un işleri ve esinlemesiyle Tanrı'nın sözünü anladığımızda ruhsal açıdan gelişebiliriz.

6) Hayvanın Başının, İç Yağının, Parçalarının Sunakta Yanan Odunların Üzerine Yerleştirilmesi

Levililer 1:8 ayeti şöyle der: *"Hayvanın başını, iç yağını, parçalarını sunakta yanan odunların üzerine yerleştirecekler."* Kahin, yakmalık sunu için kesilen parçaları, başı ve iç yağı odunların üzerinde yerleştirmelidir.

Sununun başının yakılması, kafamızın içinde doğan tüm gerçeğe ait olmayan düşünceleri yakmayı simgeler. Çünkü düşüncelerimizin kaynağı başımızdır ve günahların çoğu orada başlar. Bu dünyanın insanları, bir kişi günahı eyleme dökmedikçe hiç kimseyi suçlamaz. Fakat 1. Yuhanna 3:15 ayetinde, *"Kardeşinden nefret eden katildir,"* yazıldığı gibi, Tanrı nefreti barındırmayı bile günah sayar.

İsa, bizleri 2000 yıl önce günahlarımızdan kurtardı. Bizleri sadece el ve ayaklarımızla işlediğimiz günahlardan değil, ama ayrıca kafamızın içinde işlediğimiz günahlardan da kurtardı. Ellerimiz ve ayaklarımızla işlediğimiz günahlardan bizleri kurtarmak için, elleri ve ayaklarından çarmıha gerildi ve kafamızın içinde işlediğimiz günahlardan bizleri kurtarmak için de dikenlerden örülmüş bir taç giydi. Düşüncelerimiz yoluyla işlediğimiz günahlarımız bağışlanmış olduğundan, artık sunu olarak Tanrı'ya hayvan başı vermek zorunda değiliz. Hayvan başı vermek yerine, Kutsal Ruh'un ateşiyle düşüncelerimizi yakmalıyız. Ve bunu, gerçeğe ait olmayan düşünceleri söküp atarak ve her daim gerçeği düşünerek yaparız. Her daim gerçeği barındırdığımızda, gerçekten uzak ya da boş düşünceler artık bizlerde barınmaz. Kutsal Ruh, insanları boş düşüncelerini atmaya, vaazlara odaklanmaya ve ayinler esnasında onları yüreklerine kazımaya yönlendirdikçe, onlarda Tanrı'nın kabul edeceği ruhani tapınmayı sunabileceklerdir.

Hayvanın en sert yağı olan iç yağ, enerjinin ve yaşamın bizzat kaynağıdır. İsa, tüm kanını ve suyunu akıtma pahasına kurban olmuştur. İsa'nın Rab'bimiz olduğuna iman ettiğimizde, artık hayvanların iç yağını Tanrı'ya sunmak zorunda kalmayız.

Fakat "Rab'be iman etmek", dudaklarımızla, "İman ediyorum," demekle yerine gelmez. Eğer Rab'bin bizleri gerçekten günahlarımızdan kurtardığına inanıyorsak, günahı söküp atmalı, Tanrı'nın sözüyle dönüşmeli ve kutsal yaşamlar sürdürmeliyiz. Ayinler esnasında bile tüm enerjimizi – bedenimizi, yüreğimizi, isteğimizi ve en azami çabamızı– ortaya koymalı ve Tanrı'ya ruhsal bir tapınma sunmalıyız. Tapınmalarına tüm enerjilerini verenler, Tanrı'nın sözünü sadece kafalarında tutmakla kalmaz, ama onları yüreklerinde de başarırlar. Tanrı'nın sözü, ancak bir kişinin yüreğinde başarıldığında, ruhta ve benlikte yaşama, kudrete ve kutsamaya dönüşür.

7) Kâhinin, Hayvanın Başını, İşkembesini, Bağırsaklarını ve Ayaklarını Yıkayıp Hoşnut Eden Bir Koku Olarak Sunakta Yakması

Diğer parçaları olduğu gibi sunulurken, Tanrı, kirli parçaları olan işkembenin, bağırsağın ve ayakların suyla yıkanarak sunulmasını buyurur. "Suyla yıkamak" ile kastedilen, sunuyu veren kişinin günahlarının (kirlerinin) temizlenmesidir. Yıkanılacak günahlar nelerdir? Eski Ahit zamanında sunuların kirli yerleri temizlenirken, Yeni Ahit zamanında insanlar yüreklerindeki günahları temizlemek zorundadırlar.

Matta 15. Bölümde kirli elleriyle yemek yedikleri için İsa'nın öğrencilerini azarlayan Ferisiler ile Sadukilerin betimlendiği bir sahne vardır. Onlara, İsa'nın yanıtı şu olmuştur: *"Ağızdan giren şey insanı kirletmez. İnsanı kirleten ağızdan çıkandır"* (a. 11). Ağza girenin etkileri bedenden atıldığı anda sona erer. Fakat yürekte doğup ağızdan çıkanın etkileri uzun süre devam eder. İsa'nın 19 ve 20. ayetlerde, *"Çünkü kötü düşünceler, cinayet, zina, fuhuş, hırsızlık, yalan yere tanıklık ve iftira hep yürekten kaynaklanır. İnsanı kirleten bunlardır. Yıkanmamış ellerle yemek yemek insanı kirletmez,"* demiş olduğu gibi, Tanrı'nın sözüyle yüreğin günah ve kötülüğünü temizlemeliyiz.

Tanrı'nın sözü yüreğimize ne kadar çok girerse, kötülük ve günah o kadar uzaklaşır ve bizleri temizler. Örneğin bir kişi sevgiyi ekmeği kılar ve ona göre yaşarsa, nefret o kişiden uzaklaşır. Tevazuyu ekmeği kılarsa, kibrin yerini tevazu alır. Eğer gerçeği ekmeği kılarsa, yalan ve dalavere yitip gider. Bir kişi, gerçeği ne kadar çok ekmeği kılarsa, o kadar çok günahkâr doğayı kendinden söküp atar. Doğal olarak imanı da kararlı bir şekilde büyür ve Mesih'in doluluğuna ait ölçüye erişir. İmanının ölçüsüne göre Tanrı'nın gücü ve yetkinliği o kişiye eşlik eder. Ve o kişi sadece yüreğinin arzularını almakla kalmaz, ama ayrıca yaşamının her alanında kutsamaları deneyim eder.

Ancak bağırsak, işkembe ve ayaklar yıkandıktan ve hepsi ateşe dizildikten sonra hoşnut eden kokuyu verirler. Levililer 1:9 ayeti bunu şöyle açıklar: *"RAB'bi hoşnut eden koku..."* Tanrı'nın yakmalık sunularla ilgili sözlerine uygun şekilde ruhta ve gerçekte tapınma sunduğumuzda, sunumuz Tanrı'nın hoşnut olduğu ateşle sunulan sunu olacak ve O'nun yanıtlarını getirecektir. Tapınan yüreğimiz, Tanrı'ya giden hoş koku olacak ve eğer Tanrı hoşnut olursa, hayatımızın her alanına gönenci bahşedecektir.

5. Koyun ya da Keçi Sunusu (Levililer 1:10-13)

1) Kusursuz Genç Bir Erkek Koyun ya da Keçi

İster koyun isterse keçi olsun, boğa sunularıyla benzerlikleri kusursuz ve genç olmalardır. Ruhani açıdan kusursuz bir sunu vermek, sevinç ve şükranla dolu yetkin bir yürekle Tanrı'nın huzurunda tapınmak anlamına gelir. Tanrı'nın erkek bir hayvanın sunulmasını buyurması, "sarsılmadan kararlı bir yürekle tapınmayı" ifade eder. Sunular, her bireyin mali koşullarına bağlı olarak farklılık gösteriyor olsa da, sunuyu veren kişinin tavrı, sunu her ne olursa olsun her zaman kutsal ve yetkin olmalıdır.

2) Sunuyu Sunağın Kuzeyinde Kesmeli ve Kâhinler Kanını Sunağın Her Yanına Dökmeliler

Boğa sunusunda olduğu gibi, hayvanın kanının sunağın her yanına dökülmesi, her yerde — doğu, batı, kuzey ve güney — işlenen günahlardan bağışlanmayı simgeler. Tanrı, sunuyu verenin kurbanın kanıyla bağışlanmasını sağlamıştır.

Sununun sunağın kuzeyinde kesilmesini neden buyurmuştur? "Kuzey yönü", ruhani açıdan soğuğu ve karanlığı simgeler. Sıklıkla Tanrı'nın terbiye ettiği ya da azarladığı veya hoşnut olmadığı bir şeyi ifade etmek için kullanılır.

Yeremya 1:14-15 ayetlerinde şu sözleri okuruz:

> *"RAB şöyle dedi: 'Ülkede yaşayanların tümü üzerine Kuzeyden felaket salıverilecek. Çünkü kuzey krallıklarının bütün halklarını çağırıyorum' diyor RAB. 'Kralları gelip Yeruşalim surlarında, Bütün Yahuda kentlerinin karşısında, Yeruşalim'in kapı girişlerinde Tahtlarını kuracaklar.'"*

Yeremya 4:6 ayetinde Tanrı bizlere şöyle der: *"Güvenliğiniz için kaçın! Durmayın! Üzerinize kuzeyden felaket, Büyük yıkım getirmek üzereyim."* Kutsal Kitap'ta okuduğumuz gibi, "kuzey", Tanrı'nın terbiyesi ve azarıyla ilintilidir. Dolayısıyla insanın tüm günahlarının yüklendiği hayvan, lanetin simgesi olan "kuzey" yönünde kesilmelidir.

3) Sununun Başı, İç Yağı Kesilerek Parçalara Ayırmalı ve Odun Üzerine Yerleştirilmeli; Hayvanın İşkembesi, Bağırsakları, Ayakları Yıkanmalı; Hepsi Yakılarak Sunulmalı

Yakmalık boğa sunusunda olduğu gibi, yakmalık keçi ya da koyun sunuları da başımızla, ellerimiz ve ayaklarımızla işlediğimiz günahlardan bağışlanmak üzere Tanrı'ya sunulur. Eski Ahit gölge, Yeni Ahit ise gölgenin biçimi gibidir. Tanrı, sadece işlere dayalı değil, ama yürekleri sünnet ederek ve Sözüne göre yaşayarak bağışlanmamızı ister. Bu, tüm bedenimiz, yüreğimiz ve isteğimizle Tanrı'ya ruhta tapınmaktır; gerçeğe ait olmayan şeyleri söküp atıp gerçeğe göre yaşamak için, Kutsal Ruh'un esinlemesiyle Tanrı'nın sözünü ekmeğimiz kılmaktır.

6. Kuş Sunusu (Levililer 1:14-17)

1) Kumru ya da Genç Güvercin[1]

Güvercinler, tüm kuşlar arasında en uysal ve en zeki olanlardır ve insanlara itaat ederler. Etleri yumuşak olduğundan ve genel olarak insanlara pek çok faydaları dokunduğundan, Tanrı sunu olarak kumru ya da genç güvercinler sunulmasını buyurmuştur. Tanrı, genç güvercinlerin sunulmasını ister çünkü temiz ve uysal sunular almayı istemiştir. Genç güvercinlerin bu

---

[1] Orijinal metinlerde "genç güvercin" diye geçmektedir.
"But if his offering to the LORD is a burnt offering of birds, then he shall bring his offering from the turtledoves or from young pigeons."Leviticus 1:14

özellikleri, kurban olan İsa'nın tevazu ve uysallığını simgeler.

2) Kâhin Sunuyu Sunağa Getirecek, Başını Ayırıp Sunağın Üzerinde Yakacak. Kuşun Kanı Sunağın Yan Tarafından Akıtılacak

Genç güvercinler oldukça küçük olduklarından öldürülüp parçalara ayrılamaz ve dökülecek fazla kanları yoktur. Bu sebeple, sunağın kuzey yönünde kesilen hayvanların aksine, kanı akana kadar başı sıkılır; bu bölüm ayrıca güvercinin başının üzerine ellerin konulmasını da içerir. Sunuların kanı sunak çevresine akıtılır, ama güvercinin akıtılacak kanı az olduğundan, sunağın yan tarafına kanı akıtılarak kefaret ayini gerçekleşir.

Eğer güvercin parçalara ayrılacak olsaydı, küçük bir bedeni olduğundan tanınmaz hale gelirdi. Bu yüzden sadece kuşun kanatları ikiye bölünür ama tümüyle ayrılmaz. Kanatlar, kuşların yaşamıdır. Güvercinin kanatlarının ikiye bölünmesi, bir insanın Tanrı'nın huzurunda kendini tamamen teslim ettiğini ve hatta yaşamını O'na verdiğini simgeler.

3) Sununun Kursağı Pisliğiyle Birlikte Çıkarılıp Sunağın Doğusundaki Küllüğe Atılacak

Kuş sunusu yakılmadan önce kursağıyla pisliği çıkarılıp atılmalıdır. Boğaların, kuzuların ve keçilerin bağırsak ve işkembeleri atılmak yerine suda yıkanıp ateşe verilirken, kuşun iç organlarının temizlenmesi zordur. Tanrı atılmalarına izin vermiştir. Boğaların ve kuzuların temiz olmayan parçalarının yıkanması ve güvercinin kursağıyla pisliğinin atılması eylemi, kirli yüreklerimizin, günah ve kötülüğe bulaşmış geçmişimizin, Tanrı'ya ruhta ve gerçekte tapınarak temizlenmesini simgeler.

Kuşun kursağı pisliğiyle birlikte çıkarılıp sunağın doğusundaki küllüğe atılmalıdır. Yaratılış 2:8 ayetinde şunu okuruz: *"RAB Tanrı doğuda, Aden'de bir bahçe dikti."* "Doğu", ruhani anlamda ışıkla çevrelenmiş alanı simgeler. İçinde yaşadığımız dünyada bile doğu, güneşin doğduğu yöndür ve güneş bir kez doğduğunda gecenin karanlığı uzaklaşıp gider.

Kuşun kursağının pisliğiyle çıkarılıp sunağın doğusundaki küllüğe atılmasının önemi nedir?

Bu, yakmalık sunularımızla günah ve kötülüklerimizi atmış olarak, Işık olan Rab'bin huzuruna çıktığımızı simgeler. Efesliler 5:13 ayetinde, *"Işığın açığa vurduğu her şey görünür."* yazdığı gibi, kendimizde bulduğumuz günah ve kötülüğü söküp atar ve ışığa gelerek Tanrı'nın çocukları oluruz. Bu yüzden bir sununun kirli parçalarını doğuya atmak, pisliğin – günah ve kötülük – ortasında yaşamış olan bizlerin nasıl onları söküp atarak Tanrı'nın çocukları olduğumuzu simgeler.

Boğa, kuzu, keçi ve kuş yakmalık sunuları vesilesiyle Tanrı'nın sevgi ve adaletini artık anlayabiliriz. Tanrı, yakmalık sunular verilmesini buyurmuştur çünkü yakmalık sunularla İsrail halkının her anının sürekli Kendisiyle doğrudan ve yakın bir paydaşlık içinde olmasını istemiştir. Bunu hatırladığınızda, ruhta ve gerçekte tapınmanızı ve sadece Rab'bin Gününü kutsal saymanızı değil, ama 365 gün boyunca yüreklerinizin hoş kokusunu O'na sunmanızı umut ediyorum. O zaman bizlere, *"RAB'den zevk al, O senin içindeki istekleri yerine getirecektir"* (Mezmurlar 37:4) vaadinde bulunan Tanrı, gittiğimiz her yerde bizleri gönenç ve olağanüstü kutsamalar yağmuruna tutar.

4. Bölüm

Tahıl Sunusu

"Biri RAB'be tahıl sunusu getirdiği zaman,
sunusu ince undan olmalı.
Üzerine zeytinyağı dökerek
ve günnük koyarak,"

Levililer 2:1

1. Tahıl Sunusunun Önemi

Levililer 2. Bölümü, tahıl sunularını ve Tanrı'ya nasıl sunulmaları gerektiğini açıklar ki, Tanrı'nın hoşnut olduğu diri ve kutsal sunular olabilsinler.

Levililer 2:1 ayetinde, *"Biri RAB'be tahıl sunusu getirdiği zaman, sunusu ince undan olmalı."* yazılmış olduğu gibi, tahıl sunusu ince undan Tanrı'ya sunulan bir sunudur. Bizlere yaşam ve günlük ekmeğimizi veren Tanrı'ya bir şükran sunusudur. Günümüzde Pazar Ayinleri bitiminde, bir önceki hafta bizi koruduğu için Tanrı'ya sunulan şükran duasına tekabül eder.

Tanrı'ya verilen sunularda boğa ya da kuzu gibi hayvanların kanlarının akıtılması istenilir. Çünkü hayvan kanıyla günahlarımızın bağışlanması, dualarımızın ve yakarışlarımızın kutsal Tanrı'ya ulaşması temin edilir. Fakat tahıl sunusu, kan dökülmesinin genel anlamda gerekli olmadığı bir şükran sunusudur ve yakmalık sunuyla birlikte verilir. Tanrı, yiyeceğimizi çıkardığımız ekilecek tohumları verdiğinden ve hasat gününe dek onları koruduğundan, insanlar hasadını aldıkları ürünlerin ilk meyvesini Tanrı'ya adamışlardır.

Tahıl sunusu olarak genellikle un verilmiştir. İnce un, fırında pişirilmiş ekmek ve buğday başakları kullanılır ve tüm sunular zeytinyağlanır ve tuzlanır, üzerlerine günnük eklenir. Ve sonra sunu, Rab'bi hoşnut edecek sunu olarak yakılırdı.

Mısır'dan Çıkış 40:29 ayetinde şu sözleri okuruz: *"RAB'bin kendisine buyurduğu gibi yakmalık sunu sunağını Buluşma*

Çadırı'nın giriş bölümüne koydu, üzerinde yakmalık sunu ve tahıl sunusu sundu." Tanrı, yakmalık sunuyla aynı anda tahıl sunusunun verilmesini de buyurmuştur. Bu yüzden Pazar ayinlerinde ancak Tanrı'ya şükran sunularımızı verdiğimizde, Tanrı'ya bütünüyle tapınmış sayılırız. "Tahıl sunusunun" etimolojisi, "sunu" ve "armağandır." Tanrı, boş ellerle ibadetlere katılmamızı istemez, ama O'na şükran sunuları sunarak, şükranla dolu yüreklerimizi göstermemizi ister. Bu yüzden 1. Selanikliler 5:18 ayetinde bize şöyle der: *"Her durumda şükredin. Çünkü Tanrı'nın Mesih İsa'da sizin için istediği budur."* Ve Matta 6:21 ayetinde şöyle yazar: *"Hazineniz neredeyse, yüreğiniz de orada olacaktır."*

Neden her durumda şükretmeli ve Tanrı'ya tahıl sunuları sunmalıyız? İlk olarak, Âdem'in itaatsizliği yüzünden insan, yıkım yolunda yürümekteydi, ama Tanrı, günahlarımızın kefareti için bizlere İsa'yı bahşetti. İsa bizleri günahtan kurtardı ve O'nun vesilesiyle sonsuz yaşamı elde ettik. Artık evrendeki her şeyi ve insanı yaratan Tanrı Babamız olduğundan, Tanrı'nın çocukları olarak yetkinliğin tadını çıkarabiliriz. Ebedi göklere sahip olmamıza izin veren Tanrı'ya şükretmeyeceğiz de ne yapacağız?

Tanrı ayrıca bizlere güneşi vermiştir; tadını çıkardığımız yağmurları, rüzgârları ve iklimi kontrol eder ve böylece bizlere bahşettiği günlük ekmeğimizi çıkaracağımız hasadı bolca biçebiliriz. Şükretmeliyiz. Günahın, haksızlığın, hastalığın ve kazaların bol olduğu bu dünyadan her birimizi koruyan Tanrı'dır. İmanla ettiğimiz dualarımıza yanıt verir ve her zaman zafer dolu yaşamlar sürdürmemiz için bizleri kutsar. Öyleyse nasıl olurda O'na şükretmeyiz!

2. Tahıl Sunularında Sunulanlar

Levililer 2:1 ayetinde Tanrı şöyle der: *"Biri RAB'be tahıl sunusu getirdiği zaman, sunusu ince undan olmalı. Üzerine zeytinyağı dökerek ve günnük koyarak,"* Tanrı'ya sunulan tahıl sunuları ince undan olmalıdır. Tanrı'nın "ince" olmasını buyurması, sunuları vereceğimiz yüreğe işaret eder. İnce undan tahıl sunusunun verilmesi için, tahıllar soyma, dövülme ve eleme gibi işlemlerden geçer. Bunların her biri oldukça emek ve özen gerektirir. İnce undan yapılan yiyeceğin görüntüsü hoştur ve tadı çok daha lezzetlidir.

Tanrı'nın "ince undan" sunu buyruğunun gerisinde yatan ruhani anlam, azami ölçüde özen ve memnuniyetle hazırlanmış sunuları kabul edecğidir. Şükran dolu yüreğimizi eylemle ortaya koyduğumuzda ve sadece dudaklarımızla şükretmediğimizde, Tanrı hoşnutlukla kabul eder. Bu yüzden ondalıklarımızı ve şükran sunularımızı verirken, tüm yüreğimizle vermeliyiz ki Tanrı hoşnut olsun.

Tanrı, tüm şeylerin hâkimidir ve insana, Kendisine sunular vermesini buyurur; fakat bunu eksiği olduğu için buyurmaz. Her bireyin zenginliğini arttırma ve mülklerini ellerinden alma gücüne sahiptir. Tanrı'nın sunular vermemizi istemesinin nedeni, iman ve sevgiyle kendisine adanan sunularla bizleri daha fazla ve bolca kutsayabilmesi içindir.

2. Korintliler 9:6 ayetinde, *"Şunu unutmayın: Az eken az biçer, çok eken çok biçer."* yazdığı gibi, kişinin ektiğine göre biçmesi ruhani dünyanın yasasıdır. Bu sayede bizleri daha fazla kutsar, kendisine şükran sunuları vermemizi öğretir.

Bu gerçeğe inanarak sunular verirken, doğal olarak tıpkı ince undan Tanrı'ya verilen sunular gibi, tüm yüreğimizle vermeli ve kusursuz ve temiz sunuların en değerlisini O'na vermeliyiz.

"İnce un" ayrıca her ikisi de yetkin olan İsa'nın doğasıyla yaşamını simgeler. Ayrıca ince un elde ederken verdiğimiz onca emek gibi, itaatli yaşamlar sürdürmemiz için emek gerektiğini bizlere öğretir.

Unla yağ karıştırılıp fırında ya da tavaya dökülerek veya sacda pişirilerek verilen tahıl sunuları, hoşnut eden koku olarak sunakta yakılırdı. Tahıl sunularının farklı şekillerde sunulduğu gerçeği, insanların geçimlerinin ve şükranlarının farklı olduğunu simgeler.

Diğer bir deyişle, Pazar günleri her zam şükrediyor olmamızın yanı sıra, kutsandığımız ya da yüreğimizin arzularına yanıt aldığımızda ya da aklımızın çelinmesinin ve sınamaların üstesinden imanla geldiğimizde de şükredebiliriz. Tanrı bizlere, "her daim şükredin" diye buyurduğundan, minnet duyacağımız nedenleri aramalı ve uygun şekilde şükürlerimizi sunmalıyız. Ancak o zaman Tanrı, yüreklerimizin kokusunu kabul eder ve şükredeceğimiz nedenleri yaşamlarımızda bollaştırır.

3. Tahıl Sunusu Sunma

1) Üzerine Zeytinyağı ve Günnük Konulan İnce Undan Tahıl Sunusu

İnce unun üzerine zeytinyağı dökmek, unun yumuşamasını ve güzel bir ekmeğe dönüşmesini sağlar. Diğer yandan üzerine günnük koymak, sununun tüm kalitesini ve görünüşünü güzelleştirir. Kâhine getirildiğinde, kâhin avuç dolusu ince un, zeytinyağı ve günnüğü alır ve sunakta yakar. Bu, hoşnut eden kokudur.

Unun üzerine zeytinyağı dökmenin ne gibi bir önemi vardır?

"Yağ", ya hayvanların iç yağından ya da bitkilerden elde edilen reçinedir. Unu "zeytinyağıyla" karıştırmak, Tanrı'ya adanan sunularımızda, tüm enerjimizi – tüm yaşamımızı– katmamız gerektiğini belirtir. Tanrı'ya tapındığımızda ya da O'na sunular sunduğumuzda, Tanrı, Kutsal Ruh'un esinlemesini ve doluluğunu bizlere bahşeder ve O'nunla doğrudan ve yakın paydaşlık içinde olacağımız yaşamlar sürdürmemizi sağlar. Zeytinyağı dökmek, Tanrı'ya adadığımız her şeye, tüm yüreğimizi katmamız gerektiğini ifade eder.

Sununun üzerine günnük koymak ne anlama gelir?

Romalılar 5:7 ayetinde şu sözleri okuruz: *"Bir kimse doğru insan için güç ölür, ama iyi insan için belki biri ölmeyi göze alabilir."* Fakat Tanrı'nın isteği doğrultusunda, İsa ne iyi ne de doğru olan biz günahkârlar için ölmüştür. İsa'nın Tanrı katına ulaşan sevgisi, nasıl hoşnut bir kokudur! İsa, ölümün yetkisini işte böyle kırmış, dirilmiş, Tanrı'nın sağına oturmuş, kralların Kralı olmuş ve Tanrı'nın huzurunda gerçek ve layıkıyla hoşnut bir koku olmuştur.

Efesliler 5:2 ayeti bize şu çağrıda bulunur: *"Mesih bizi nasıl sevdiyse ve bizim için kendisini güzel kokulu bir sunu ve kurban olarak nasıl Tanrı'ya sunduysa, siz de öylece sevgi yolunda yürüyün."* Tanrı'ya kurban olarak sunulan İsa, üzerine günnük konan bir sunu gibiydi. Bu yüzden Tanrı'nın sevgisini aldıkça, tıpkı İsa'nın yapmış olduğu gibi, kendimizi hoşnut eden bir koku olarak sunmalıyız.

"İnce un üzerine günnük koymak", karakteri ve eylemleriyle Tanrı'yı yücelten İsa gibi, tüm yüreğimizle Tanrı'nın sözüne göre yaşamamız ve Mesih'in kokusunu yayarak Tanrı'yı yüceltmemiz gerektiği anlamına gelir. Ancak Mesih'in kokusunu yayarak Tanrı'ya şükran sunularımızı verdiğimizde, sunularımız Tanrı'nın kabulüne layık tahıl sunuları olur.

2) Hiçbir Zaman Maya ya da Bal Katılmamalı

Levililer 2:11 ayeti şöyle der: *"RAB'be sunacağınız tahıl sunularının hiçbirine maya katılmamalı. Çünkü RAB için yakılan sunu içinde hiçbir zaman maya ya da bal yakılmamalı."* Tanrı, Rab'be sunulan tahıl sunularının hiçbirine maya katılmamasını buyurmuştur. Çünkü undan yapılan hamura mayanın katılmasıyla un nasıl fermentleşiyorsa, ruhsal "mayada" sunuları bozar ve değiştirir.

Değişmeyen ve yetkin Tanrı, kendisine sunulan sunuların ince undan –yüreklerin derinliklerinden – bozulmadan kalmasını ister. Bu yüzden sunuları değişmeyen, temiz ve saf bir yürekle; Tanrı'ya şükran, sevgi ve imanla vermeliyiz.

Bazı insanlar, diğer insanların ne düşüneceklerini düşünerek formalite icabı sunu verirler. Diğerleri ise keder ve tasa dolu yüreklerle verirler. Fakat İsa'nın ikiyüzlü mayaları yüzünden uyardığı Ferisiler gibi sadece dıştan kutsal görünerek sunularımızı sunar ve başkalarının takdirini ararsak, yüreklerimiz mayayla bozulan tahıl sunusu gibi olur; bunun Tanrı'yla uzaktan yakından bir ilgisi yoktur.

Bu yüzden mayasız ve Tanrı'ya sevgi ve şükran dolu bir yürekle sunularımızı vermeliyiz. Esirgeyerek, iman olmadan keder ve tasayla sunular vermemeliyiz. Sunularımızı kabul edecek ve bizleri ruhta ve gerçekte kutsayacak olan Tanrı'ya imanla bolca sunmalıyız. Ruhani anlamı öğrenmemiz için, Tanrı sunuların mayasız olmasını buyurmuştur.

Fakat Tanrı'nın mayalı sunular sunmamıza müsaade ettiği zamanlarda vardır. Bu sunular yakılmaz, ama sununun Tanrı'ya adandığını ifade etmek için, kâhin ileri-geri sallar ve insanların paylaşıp yemesi için sunuları geri getirir. Buna "sallama sunusu" denir. Tahıl sunusunun aksine işlemler değiştiğinden, içine maya katılmasına izin verilir.

Örneğin imanlı insanlar sadece Pazar değil, ama tüm diğer ayinlere de katılırlar. Pazar ayinlerine katılan imanda zayıf kişilerin, Cuma gece boyu ya da Çarşamba günü ayinlerine katılmamasını, Tanrı günah saymaz. Prosedür bakımından Pazar ayinleri sıkı bir düzen izlerken, cemaatin evlerinde ya da hücre gruplarında vaaz, dua ve ilahiler gibi temel dini vecibelerin yerine getirildiği ibadet hizmetlerinde, prosedürler koşullara uygun şekilde esneklik gösterir. Temel ve gerekli kurallara sıkı sıkıya bağlı olunmasına rağmen Tanrı'nın bireyin koşullarına ya da imanının ölçüsüne göre esnekliğe izin veriyor olduğu gerçeği, maya katılarak sunu verilmesinin ruhsal anlamıdır.

Tanrı neden bal katılmasını yasaklar?
Tıpkı maya gibi balda ince unun özelliklerini bozabilir. Burada geçen bal, Filistin eriklerinin suyundan üretilen tatlı bir şuruptur ve kolayca mayalanıp bozulabilir. Bu sebeple, Tanrı, bal katılarak ince unun bütünlüğünün bozulmasını yasaklamıştır. Ayrıca Tanrı'nın çocuklarının tapınırken ya da sunularını verirken, bozulmayan veya değişmeyen yetkin bir yürekle bunu yapması gerektiğini bizlere söylemektedir.

İnsanlar, bal katılan sununun daha güzel görüneceğini düşünebilirler. Bir şey insana ne kadar güzel görünürse görünsün, Tanrı o şeyi buyurduğu ve insanın da Tanrı'ya vermeye and içtiği şekliyle almaktan hoşnuttur. İnsanlar belli bir şeyi Tanrı'ya adadıklarına dair ant içer, ama koşullar değişince, onlarda fikirlerini değiştir ve başka bir şey verirler. Ancak Tanrı, Kutsal Ruh'un işleri devredeyken buyurmuş olduğu bir şeyle ilgili ya da şahsi kazanç elde etmek amacıyla fikirlerini değiştiren insanlardan tiksinir. Bu yüzden eğer biri bir hayvan kurban etmeye ant içmişse, Levililer 27:9-10 ayetlerinde yazmış olduğu gibi, o hayvanı Tanrı'ya kurban etmelidir: *"RAB'be sunulacak adak O'na sunu olarak sunulabilecek hayvanlardan biriyse, kabul edilecektir. O'na böyle sunulan her hayvan kutsaldır. Adakta bulunan kişi RAB'be sunacağı adağı değiştirmemeli. İyisinin yerine kötüsünü ya da kötüsünün yerine iyisini koymamalı. Eğer hayvanı değiştirirse, değiştirilen hayvanların ikisi de kutsal sayılacaktır."*

Tanrı sadece sunularımızı verirken değil, ama her şeyde O'na pak bir yürekle vermemizi ister. Eğer bir kişinin yüreğinde tereddüt ya da dalavere varsa, bu özellikler Tanrı'nın kabul etmeyeceği şekilde kendilerini gösterirler.

Örneğin Kral Saul, Tanrı'nın buyruklarını dikkate almayıp onları kendi isteği doğrultusunda değiştirdi. Sonuç itibarıyla Tanrı'ya itaatsizlik etti. Tanrı, Saul'a Amalek kralını, tüm halkı ve hayvanları yok etmesini buyurmuştu. Tanrı'nın gücüyle savaşı kazandıktan sonra, Saul, Tanrı'nın buyruklarını izlemedi. Amalek kralı Agak'ı ve en iyi hayvanları esirgedi ve yanında getirdi. Azarlandıktan sonra dahi tövbe etmeyip itaatsizliğe devam etti. Ve sonunda Tanrı tarafından terk edildi.

Çölde Sayım 23:19 ayeti bize şöyle der: *"Tanrı insan değil ki, Yalan söylesin; İnsan soyundan değil ki, Düşüncesini değiştirsin."* Tanrı'nın gözünde hoş olmamız için, önce yüreklerimiz temiz yüreklere dönüşmelidir. Bir şey insanın gözünde ve düşüncesinde ne kadar hoş olursa olsun, Tanrı'nın yasakladığı bir şeyi asla yapmamalıyız; bu, geçen zamanla asla değişmemelidir. İnsan, temiz ve değişmeyen bir yürekle Tanrı'nın isteğine itaat ettiğinde, Tanrı hoşnut olur. O kişinin sunularını kabul eder ve onu kutsar.

Levililer 2:12 ayeti şöyle der: *"Bunları ilk ürünlerinizin sunusu olarak RAB'be sunabilirsiniz. Ancak RAB'bi hoşnut eden koku olarak sunak üzerinde sunulmamaları gerekir."* Bir sunu, Tanrı'nın hoşnutlukla kabul edeceği hoşnut bir koku olmalıdır. Fakat bu ayette, Tanrı, tahıl sunularının sunak üzerinde hoşnut eden bir koku olarak sunulmamaları gerektiğini bizlere söyler. Tahıl sunusu vermemizin amacı, Tanrı'ya eylemsel sunu sunmak değil, ama yüreklerimizin kokusunu sunmaktır.

Ne kadar hoş şeyler sunulursa sunulsun, Tanrı'nın hoşnut olacağı bir yürekle sunulmadıkları takdirde, insan için hoşnut eden bir koku olurlar, Tanrı için değil. Kendilerini doğuran ve yetiştiren ebeveynlerine formalite icabı değil, ama sevgi ve minnetle hediyeler veren çocukların durumuna benzer. Bu tür çocuklar, ebeveynler için gerçek bir sevinç kaynağıdır.

Aynı şekilde Tanrı'da, bir alışkanlık halinde ve kendimizden, "yapmam gerekeni yaptım" diyerek emin bir halde sunular vermemizi istemez. İman, umut ve sevgi dolu yüreklerimizden gelen kokuyu ister.

3) Tuzlamak

Levililer 2:13 ayeti şöyle der: *"Bütün tahıl sunularını tuzlayacaksınız. Tanrı'nın sizinle yaptığı antlaşmayı simgeleyen tuzu tahıl sunularından hiç eksik etmeyeceksiniz. Bütün sunulara tuz katacaksınız."* Tuz erir, yemeğin bozulmasını önler ve yemeğe tat verir.

"Tuzlamanın" ruhani anlamı, "esenlik içinde olmaktır." Nasıl ki tatlandırılacak yemeğe konulan tuz eriyorsa, esenlik sağlayacağımız tuzun görevine soyunmamız, ben kavramını öldürüp kurban etmemizi gerektirir. Bu yüzden, Tanrı'nın tahıl sunusunun tuzlanmasını buyurması, esenlik içinde olmak adına kendimizi kurban ederek Tanrı'ya sunular vermemiz gerektiğini ifade eder.

Bu bağlamda, önce İsa Mesih'e iman etmeli ve günahı, kötülüğü, tutkuyu ve eski "beni" söküp atmak için, kanımızı dökme pahasına mücadelemizi vererek Tanrı'yla esenlik içinde olmalıyız.

Bir kişinin Tanrı'nın tiksindirici bulduğu bir günahı isteyerek işlediğini ve sonra günahından tövbe etmeyerek Tanrı'ya sunular sunduğunu farz edin. Tanrı, sunuyu hoşnutlukla kabul etmez, çünkü Tanrı'yla o kişi arasındaki esenlik çoktan bozulmuştur. Bu yüzden Mezmurlar'da, *"Yüreğimde kötülüğe yer verseydim, Rab beni dinlemezdi"* (Mezmurlar 66:18) yazar. Ancak günahtan uzaklaştığımızda, Tanrı'yla esenlik içinde olduğumuzda ve sunularımızı verdiğimizde, Tanrı hoşnutlukla sadece dualarımızı değil, ama sunularımızı da kabul eder.

Tanrı'yla esenlik içinde olmak, her bireyin ben kavramını öldürerek kurban vermesini gerektirir. Tıpkı elçi Pavlus'un, "her gün ölüyorum," ikrarı gibi, ancak bir kişi kendini yadsıdığı ve ben kavramını öldürerek kurban verdiği zaman Tanrı'yla esenlik içinde olmayı başarabilir.

Ayrıca imandaki kız ve erkek kardeşlerimizle de esenlik içinde olmalıyız. İsa, Matta 5:23-24 ayetlerinde bize şöyle der: *"Bu yüzden, sunakta adak sunarken kardeşinin sana karşı bir şikâyeti olduğunu anımsarsan, adağını orada, sunağın önünde bırak, git önce kardeşinle barış; sonra gelip adağını sun."* Günah işliyor, kötülük yapıyor ve Mesih'teki kardeşlerimizi üzüyorsak, Tanrı sunularımızı hoşnutlukla kabul etmez.

Bir kardeşimiz bize bir kötülük yapsa dahi ondan nefret etmemeli ya da homurdanmamalı, ama bağışlayarak onunla esenlik içinde olmalıyız. Sebep her ne olursa olsun, Mesih'teki kardeşlerimizin sendelemesine sebebiyet verecek ihtilaf ya da çekişme içinde olmamalı, onlara zarar vermemeliyiz. Ancak tüm insanlarla esenlik içinde olduğumuzda ve yüreklerimiz Kutsal Ruh, sevinç ve şükranla dolduğunda, sunularımız tuzlanmış sayılır.

Ayrıca Tanrı'nın "Tuzlayın" buyruğu, "Tanrı'nın bizimle yaptığı antlaşmayı simgeleyen tuz"[2] cümlesinin esas anlamıdır. Tuz, okyanus suyundan elde edilir ve su, Tanrı'nın sözünü simgeler. Tıpkı tuzun her daim tuz tadını vereceği gibi, antlaşmada geçen Tanrı Sözü de asla değişmez.

Sunularımızı "tuzlamamız", sadık Tanrı'nın değişmeyecek antlaşmasına güvenmemiz ve bütün bir yürekle sunular vermemiz anlamına gelir. Şükran sunuları verirken, Tanrı'nın iyice bastırılmış, silkelenmiş ve taşmış[3] bir şekilde bizlere kesinlikle vereceğine ve verdiklerimizin 30, 60 ve 100 katıyla bizleri kutsayacağına inanmalıyız.

Bazı insanlar şöyle der: "Kutsanmak amacıyla değil, öylesine

---

[2] Levililer 2:13
[3] Luka 6:38

veriyorum." Fakat Tanrı, alçakgönüllükle kutsamalarını dileyen imanlı bir kişiden daha memnundur. İbraniler 11. Bölümde Musa'nın Tanrı'dan alacağı ödülü düşündüğü için Mısır sarayını terk ettiğini okuruz. Ödülü düşünen İsa'da çarmıhın getireceği aşağılanmayı umursamadı. Büyük meyveye – Tanrı'nın O'na bahşettiği görkem ve insanlığın kurtuluşu – gözlerini diken İsa, çarmıhın dehşet verici cezasına kolayca katlanabildi.

Kuşkusuz ki "ödülü düşünen" bir yürekle bir şey verdiği için karşılık almanın hesabını yapan bir yürek birbirlerinden tamamen farklıdır. Ödül olmasa bile Tanrı'yı seven bir kişi, yaşamını vermeye bile hazırdır. Fakat kendisini kutsamayı arzulayan Baba Tanrı'nın yüreğini derinlemesine idrak eden ve O'nun gücüne inanan birinin kutsamaları düşünmesi, Tanrı'yı daha da hoşnut eder. Tanrı, insanın her ne ekerse onu biçeceğinin vaadini vermiştir ve arayanlara verir. Tanrı, O'nun sözüne imanla sunularımızı vermemizden ve O'nun vaadi doğrultusunda kutsanmayı dilememizden hoşnuttur.

4) Tahıl Sunularından Arta Kalanların Harun ve Oğullarına Bırakılması

Yakmalık sunu bütünüyle sunakta yakılırken, tahıl sunusu kâhine getiriliyor ve sadece belli bir parçası hoşnut eden bir koku olarak sunakta Tanrı'ya sunuluyordu. Bu, çeşitli tapınmalarla Tanrı'ya bütün sunular adarken, şükran sunularının – tahıl sunuları, – Tanrı'nın egemenliği ve doğruluğunda kullanılmak üzere Tanrı'ya adandığı ve sunulardan arta kalanların günümüzde Rab'bin hizmetkârları ve kilise çalışanları olan pederlerin kullanımına bırakıldığı anlamına gelir. Galatyalılar 6:6 ayetinin, *"Tanrı sözünde eğitilen, kendisini eğitenle bütün nimetleri paylaşsın,"* dediği gibi, Tanrı'nın lütufunu alan kilise üyeleri şükran sunularını verir ve Sözü öğreten Tanrı hizmetkarları da şükran sunularını paylaşırlar.

Tahıl sunuları, yakmalık sunularıyla birlikte Tanrı'ya sunulur ve bizzat Mesih'in sürdürmüş olduğu hizmette bir yaşam modeline örnek teşkil eder. Bu yüzden tüm yüreğimizle ve azami ölçüde imanla sunularımızı vermeliyiz. Her okuyucunun Tanrı'nın isteğine uygun şekilde tapınmasını ve Tanrı'nın hoşnut olduğu kokuyu sunularıyla vererek, her gün bolca kutsanmasını umut ediyorum.

5. Bölüm

Esenlik Sunusu

"Eğer biri esenlik kurbanı olarak sığır sunmak istiyorsa,
RAB'be erkek ya da dişi,
kusursuz bir hayvan sunmalı."

Levililer 3:1

1. Esenlik Sunusunun Önemi

Levililer 3. Bölümde esenlik sunularıyla ilgili hükümler yer alır. Esenlik sunusunda kusursuz bir hayvan kesilir, kanı sunağın her yanına dökülür ve yağı Tanrı'yı hoşnut eden bir koku olarak sunakta yakılır. Esenlik sunu işlemleri yakmalık sunuya benzerlik gösteriyor olsa da aralarında birkaç fark bulunur. Bazı insanlar esenlik sunusunun amacını yanlış anlar ve onu, günahlardan bağışlanma aracı olarak düşünürler. Oysa suç ve günah sunularının temel amacı, günahlardan bağışlanmak içindir.

Esenlik sunusu, Tanrı'yla aramızdaki esenliği tesis etmek için sunulur; insanlar, bu sunuyla şükranlarını ifade eder, Tanrı'ya adaklar adar ve gönülden O'na verirler. Günah ve yakmalık sunular vesilesiyle günahları bağışlanan insanlar tarafından ayrı olarak sunulur ve artık Tanrı'yla doğrudan ve yakın bir paydaşlığa sahip olurlar. Esenlik sunusunun amacı, Tanrı'yla esenlik içinde olmaktır ve bu sayede yaşamlarının her alanında yürekten Tanrı'ya inanabilirler.

Levililer 2. bölümde yer alan tahıl sunusu, şükran sunusudur. Bizleri koruyan ve günlük ekmeğimizi sağlayan Tanrı'ya şükranlarımızı sunduğumuz geleneksel bir sunudur ve esenlik sunusundan farklı olduğu gibi, esenlik sunusunda ifade bulan şükrandan da farklıdır. Pazar günleri verdiğimiz şükran sunularına ek olarak, şükran duyacağımız özel sebepler olduğunda da ayrı şükran sunularını veririz. Esenlik sunuları ise, Tanrı'yı hoşnut etmek, Tanrı'nın sözüne göre yaşamak ve yüreğin arzularını Tanrı'dan almak için, kişinin kendisini ayrı tutup kutsal kılarak gönüllü olarak verdiği sunulardır.

Esenlik sunularının birden fazla anlamı olsa da içerdiği en temel amaç, Tanrı'yla esenlik içinde olmaktır. Bir kez Tanrı'yla esenlik içinde olursak, gerçekle yaşayabileceğimiz gücü bizlere bahşeder, yüreklerimizin arzularını yanıtlar ve Tanrı'ya adadığımız tüm adakları yerine getirebilmemiz için bizleri lütuflandırır.

1. Yuhanna 3:21-22 ayetlerinde, *"Sevgili kardeşlerim, yüreğimiz bizi suçlamazsa, Tanrı'nın önünde cesaretimiz olur, O'ndan ne dilersek alırız. Çünkü O'nun buyruklarını yerine getiriyor, O'nu hoşnut eden şeyleri yapıyoruz."* yazmış olduğu gibi, gerçeğe göre yaşadığımız için Tanrı'nın önünde cesaretimiz olduğunda, O'nunla esenlik içinde olur ve O'ndan dilemiş olduğumuz her şeyde O'nun işlerini deneyim ederiz. Eğer özel sunularla Tanrı'yı daha da hoşnut edersek, Tanrı'nın bizi ne kadar hızlı yanıtlayıp kutsayacağını hayal edebiliyor musunuz?

Dolayısıyla tahıl sunusuyla esenlik sunusunun anlamlarını doğru bir şekilde anlamamız ve aralarındaki ayrıma varmamız zorunludur ki, Tanrı sunularımızı hoşnutlukla kabul etsin.

2. Esenlik Sunularında Sunulanlar

Tanrı, Levililer 3:1 ayetinde bize şöyle der: *"Eğer biri esenlik kurbanı olarak sığır sunmak istiyorsa, RAB'be erkek ya da dişi, kusursuz bir hayvan sunmalı."* Esenlik sunusunda sunulan ister kuzu ister keçi olsun ya da ister dişi ister erkek olsun, kusursuz olmak zorundadır (Levililer 3:6, 12).

Yakmalık sunu, kusursuz erkek bir boğa ya da kuzu olmalıdır, çünkü yakmalık sunu için yetkin kurban – ruhsal tapınma –, Tanrı'nın kusursuz Oğlu İsa Mesih'i simgeler.

Ancak Tanrı'yla esenliği tesis etmek için esenlik sunusu verirken, kusursuz olduğu müddetçe sununun erkek ya da dişi olması fark etmez. Erkek ya da dişi esenlik sunusu arasında hiçbir fark olmaması, Romalılar 5:1 ayetindeki şu cümlelerle açıklığa kavuşur: *"Böylece imanla aklandığımıza göre, Rabbimiz İsa Mesih sayesinde Tanrı'yla barışmış oluyoruz."* Çarmıhta dökülen İsa'nın kanıyla Tanrı'yla esenliği tesis ettiğimizde, erkekle dişi arasında bir fark olmaz.

"Kusursuz" bir sunu buyuran Tanrı'nın arzusu, eksik bir ruhla değil, ama güzel bir çocuğun yüreğiyle O'na sunularımızı sunmamızdır. Ne gönülsüzce ne de başkalarının takdirini kazanmak için O'na sunular sunmalıyız; ama gönülden ve imanla bunu yapmalıyız. Tanrı'nın kurtuluş lütufu için verdiğimiz şükran sunusunun kusursuz olması gayet tabidir. Yaşamlarımızın her alanında O'na güvenmek, her zaman yanımızda olmasını sağlamak, O'nun tarafından korunmak ve istemi doğrultusunda yaşayabilmek için, O'na adanan sunu, verebileceğimizin en iyisi olmalı, azami özenle ve gönülden verilmelidir.

Yakmalık sunularla esenlik sunularını karşılaştırırken, dikkate almamız gereken ilginç bir husus vardır: Esenlik sunularında güvercinler hariç tutulmuştur. Peki neden? Bir insan ne kadar yoksul olursa olsun, yakmalık sunu tüm insanlar tarafından sunulmalıdır ve bu yüzden, Tanrı değeri düşük olan güvercinlerin sunulmasına müsaade etmiştir.

Mesela Mesih'e imanı zayıf ve kıt olan yeni bir inanlı sadece Pazar ayinlerine katıldığında, Tanrı bunu yakmalık sunu sayar. Bütün bir yakmalık sunu, inanlılar bütünüyle Tanrı'nın sözüne göre yaşadığında, O'nunla doğrudan ve yakın bir paydaşlığı muhafaza ettiklerinde ve O'na ruhta ve gerçekte tapındıklarında verilir. Oysa imanda yeni olan biri sadece Rab'bin Gününü kutsal sayarak tutar ve Tanrı, o kişinin yakmalık sunusunu değeri düşük güvercin sunusu olarak kabul ederek kurtuluş yoluna yönlendirir.

Oysaki esenlik sunusu mecburi değil, ama gönüllü verilen bir sunudur. İnsanların Tanrı'yı hoşnut ederek yanıt ve kutsamaları alması için verilir. Eğer güvercin gibi değeri düşük bir sunu verilmiş olsaydı, özel bir sunu olma anlam ve amacını yitirmiş olurdu. İşte bu yüzden güvercinler hariç tutulmuştur.

Farz edin ki bir kişi adağı ya da arzusu yerine geldiği veya tedavisi olmayan ya da ölümcül olan bir hastalığına Tanrı'dan şifa aradığı için sunu versin. Nasıl bir yürekle bu sunu verilmelidir? Düzenli bir şekilde verilen şükran sunularına nazaran daha candan hazırlanmalıdır. Tanrı'ya erkek boğa ya da bireyin koşulları doğrultusunda dişi sığır, kuzu ya da keçi sunsaydık, Tanrı oldukça hoşnut olurdu, ama sunu olarak bir güvercinin değeri önem arz etmez.

Kuşkusuz ki, bu, bir sununun "değerinin" bütünüyle parasal değerine bağlı olduğunu söylemek değildir. Her birey, tüm yüreği ve aklıyla, kendi koşulları doğrultusunda azami özenle sunusunu hazırladığında, Tanrı o sununun içerdiği kokuya göre sununun değerini biçer.

3. Esenlik Sunusu Sunma

1) Esenlik Sunusunun Başının Üzerine El Koyup Buluşma Çadırının Giriş Bölümünde Kesilmesi

Sunuyu getiren kişi, Buluşma Çadırının girişinde elini sununun başının üzerine koyduğunda, günahlarını hayvana yükler. Elini esenlik sunusunun başına koyduğunda, o kişi hayvanı Tanrı'ya verilen bir sunu olarak adar ve böylece onu mesh eder.

Ellerimizi başının üzerine koyduğumuz sununun Tanrı'yı hoşnut eden bir sunu olması için, benliğin düşüncelerine göre değil, ama Kutsal Ruh'un esinlemesiyle sunmalıyız. Ancak böyle sunuları Tanrı hoşnutlukla kabul eder, ayırır ve mesh eder.

Kişi, elini sununun başının üzerine koyduktan sonra buluşma çadırının girişinde keser. Eski Ahit zamanlarında sadece kâhinler Kutsal Yere girebiliyordu ve insanlar hayvanları buluşma çadırının girişinde kesiyordu. Fakat Tanrı'yla aramızda duran günah duvarı İsa Mesih tarafından yıkıldığından, bu gün bizler kutsal yere girebilir, Tanrı'ya tapınabilir ve O'nunla doğrudan ve yakın bir paydaşlık içinde olabiliriz.

2) Harun soyundan Gelen Kâhinlerin Kanı Sunağın Her Yanına Dökmesi

Levililer 17:11 ayeti bize şöyle der: *"Çünkü canlılara yaşam veren kandır. Ben onu size sunakta kendinizi günahtan bağışlatmanız için verdim. Kan yaşam karşılığı günah bağışlatır."* İbraniler 9:22 ayeti bize şöyle der: *"Nitekim Kutsal Yasa uyarınca hemen her şey kanla temiz kılınır, kan dökülmeden bağışlama olmaz."* Ve bizlere sadece kanla temizleneceğimiz hatırlatılır. Tanrı'yla doğrudan ve yakın bir paydaşlık için esenlik sunuları verirken, kanının dökülmesi gereklidir çünkü Tanrı'yla iletişimi kesikliğe uğrayan bizler, İsa Mesih'in kanı olmadan O'nunla asla esenlik içinde olamayız.

Kâhinin kanı sunağın her yanına dökmesi, ayaklarımızın bizi götürdüğü her yerde ve kendimizi içinde bulduğumuz her koşulda Tanrı'yla esenliği her zaman tesis edeceğimizi simgeler. Tanrı'nın her daim bizimle olduğunu, bizimle yürüdüğünü, bizi koruduğunu ve gittiğimiz her yerde, yaptığımız her işte ve her kimle olursak olalım bizi kutsandığını simgelemek üzere, kan sunağın her yanına dökülür.

3) Esenlik Sunularının Bazı Parçalarının RAB için Yakılan Sunu Olarak Sunulması

Levililer 3. bölüm, sadece boğaların değil ama kuzularla keçilerinde esenlik sunusu olarak verilme yöntemleri üzerinde detaylıca durur. Yöntemler neredeyse benzerlik gösterir, ama bizler esenlik sunusu olarak boğaların kurban edilmesi üzerinde duracağız. Esenlik sunularını yakmalık sunularla kıyaslarken, derisi yüzülmüş tüm parçaların Tanrı'ya adandığını biliyoruz. Yakmalık sununun anlamı, ruhsal tapınmadır ve tapınma sadece bütünüyle Tanrı'ya adanmış olduğundan, sunular tamamen yakılıyordu.

Fakat esenlik sunularının tüm parçası verilmez. Levililer 3:3b-4 ayetlerinde, *"Sununun bağırsak ve işkembe yağlarını, böbreklerini, böbrek üstü yağlarını, karaciğerden böbreklere uzanan perdeyi ayıracak"* diye okuyor olduğumuz gibi, hayvanın iç organlarının önemli kısımlarını örten yağ, hoşnut eden bir koku olarak Tanrı'ya sunulmalıdır. Hayvanın farklı parçalarının yağını sunmak, her nerede olursak olalım ve kendimizi her ne koşulda bulursak bulalım Tanrı'yla esenlik içinde olmamız gerektiğini simgeler.

Tanrı'yla esenlik içinde olmak ayrıca tüm insanlarla esenlik içinde olmamızı ve kutsallığı izlememizi gerektirir. Ancak tüm insanlarla esenlik içinde olursak, Tanrı'nın çocukları olarak yetkin olabiliriz (Matta 5:46-48).

Kurbanın, Tanrı'ya sunulacak yağı çıkarıldıktan sonra kâhinlere ayrılan parçalar çıkarılır. Levililer 7:34 ayetinde şöyle der: *"İsrail halkının sunduğu esenlik kurbanlarından sallamalık döşü ve bağış olarak sunulan budu aldım. İsrail halkının payı olarak bunları sonsuza dek Kâhin Harun'la oğullarına verdim."* Tıpkı tahıl sunularının bir bölümünün kâhinlere ayrılmış olduğu gibi, esenlik sunularının bir bölümü de geçimlerini sağlamaları için, Tanrı'ya ve halkına hizmet eden kâhinlerle Levililere ayrılır.

Bu, Yeni Ahit zamanında da aynıdır. İnanlılar tarafından

Tanrı'ya verilen sunular aracılığıyla insanların kurtuluşu için Tanrı'nın işleri ortaya konur ve Rab'bin hizmetkârlarıyla kilise çalışanlarının geçimleri elde edilir. Tanrı ve kâhinler için parçalar ayrıldıktan sonra geriye kalan, esenlik sunusunu veren kişi tarafından tüketilir. Bu, esenlik sunusunun kendine has özelliğidir. Sunuyu verenin arta kalanı tüketmesi, Tanrı'nın yanıt ve kutsamalar gibi kanıtlarla sununun hoşnut olmasına layık bir sunu olduğunu göstereceğini ifade eder.

4. Yağ ve Kan Üzerine Hükümler

Bir hayvan, Tanrı'ya sunulmak üzere kurban edildiğinde kâhin, sunağın her yanına kanı döker. Dahası tüm parçalar ve yağı Rab'be ait olduğundan kutsal sayılır ve Tanrı'yı hoşnut eden koku olarak sunakta yakılırlar. Eski Ahit zamanındaki insanlar yağ ya da kan yemezlerdi çünkü yağ ve kan, yaşama aitlerdi. Kan, bedendeki yaşam, bedeninin özü olan yağ ise yaşamla birdi. Yağ, yaşamın düzgün çalışmasını ve işlemesini sağlar.

"Yağın" taşıdığı ruhani anlam nedir?
"Yağ", öncelikle yetkin bir yürek olan azami özeni ifade eder. Ateşte yakılmak üzere yağ sunmak, sahip olduğumuz her şeyle ve bizi biz yapan her şeyimizle Tanrı'ya sunduğumuz anlamına gelir. Tanrı'nın kabulüne layık sunuları veren bir kişinin azami özeni ve tüm yüreği kastedilir. Tanrı'yla esenliği tesis etmek için, Tanrı'yı hoşnut ederek ve kendini O'na adayarak sunakta verilen

şükran sunularının ne olduğu önemlidir, ama daha da önemlisi, sunuyu veren yüreğin türü ve özenin derecesidir. Eğer Tanrı katında hata sayılanı yapmış bir kişi, Tanrı'yla esenlik içinde olmak için sunu veriyorsa, büyük bir adanma ve çok daha yetkin bir yürekle o sunu verilmelidir.

Kuşkusuz ki günahlardan bağışlanma, günah ve suç sunuları vermeyi gerektirir. Fakat insanların günahlarından bağışlanmanın çok daha ötesine geçip Tanrı'yı hoşnut ederek, Tanrı'yla gerçek bir esenliği tesis etmeyi umdukları zamanlar vardır. Örneğin bir çocuk babasına karşı bir hata işlediğinde ve ciddi bir şekilde onun yüreğini yaraladığında, üzgün olduğunu söyleyerek hatasından bağışlanmayı dilemek yerine, babasını hoşnut etmek için her türlü çabayı gösterirse babasının yüreği yumuşar ve ikisi arasında gerçek bir esenlik tesis edilir.

Bunlar yanı sıra "yağ" ile ayrıca dua ve Kutsal Ruh'un doluluğu kastedilir. Matta 25. Bölümde kandilleriyle birlikte yağlarını da yanlarına alan beş akıllı kızla, yanlarına kandillerini alıp yağlarını almayan ve düğün şölenine giremeyen beş akılsız kız anlatılır. Burada "yağ" ruhani açıdan duayı ve Kutsal Ruh'un doluluğunu simgeler. Ancak dua vesilesiyle Kutsal Ruh'un doluluğunu aldığımızda ve uyanık olduğumuzda, dünyanın tutkularıyla lekelenmekten kaçınabiliriz. Ve güzel gelinler olarak kendimizi hazırladıktan sonra güveyimiz olan Rab'bimizi bekleyebiliriz.

Dua, Tanrı'yı hoşnut etmek ve O'nun yanıtlarını almak için Tanrı'ya adanan esenlik sunusuna eşlik etmelidir. Dua basit bir formaliteden ibaret olmamalıdır. Tıpkı İsa'nın Getsemani'de dua ederken toprağa kandamlaları halinde düşen teri gibi, tüm yüreğimizle, sahip olduğumuz her şeyle ve bizi biz yapan her şeyimizle dua edilmelidir. Bu şekilde dua eden herkes kesinlikle günahla savaşır, onu söküp atar, kutsallaşır ve yukarıdan Kutsal Ruh'un esinlemesini ve doluluğunu alır. Tanrı'ya esenlik sunusu veren böyle bir insandan Tanrı hoşnut olur ve O'nu hızla yanıtlar.

Esenlik sunusu, Tanrı'ya tam bir inançla verilen bir sunudur; böylece O'nun refakatliğinde ve gözetiminde değerli yaşamlar sürdürebiliriz. Tanrı'yla esenliği kurmak için O'nun nazarında hoş olmayan davranışlardan dönmeliyiz. Tüm yüreğimizle ve sevinçle O'na sunular sunmalı ve dua aracılığıyla Kutsal Ruh'un doluluğunu almalıyız. O zaman Tanrı'yla esenliği tesis etmiş olarak, göklere tam bir umut besleyebilir ve zafer dolu yaşamlar sürdürebiliriz. Tüm yüreğiyle Kutsal Ruh'un esinlemesi ve doluluğuyla dua ederek ve Tanrı'nın nazarında hoşnut olan sunuları vererek, her bir okuyucunun her zaman Tanrı'nın yanıtlarını ve kutsamalarını almasını umut ediyorum.

6. Bölüm

Günah Sunusu

"Biri buyruklarımdan birinde yasakladığım bir şeyi yapar,
bilmeden günah işlerse;
meshedilmiş kâhin günah işleyerek halkını da suçlu kılarsa,
işlediği günahtan ötürü RAB'be günah sunusu
olarak kusursuz bir boğa sunmalı."

Levililer 4:2-3

1. Günah Sunularının Önemi ve Çeşitleri

İsa Mesih'e imanımızla ve O'nun kanının işleriyle tüm günahlarımızdan kurtulduk ve kurtuluşa vardık. Fakat imanlarımızın gerçek birer iman olarak tasdik edilmesi için, sadece dudaklarımızla, "İnanıyorum" ikrarıyla yetinmemeli, ama ayrıca eylemlerle ve gerçekte ortaya da koymalıyız. Tanrı'nın tasdik ettiği imanının eylemlerini kanıt olarak O'nun huzurunda gösterdiğimizde, Tanrı o imanı görür ve bizlerin günahlarını bağışlar.

İmanla günahlarımızdan nasıl bağışlanırız? Kuşkusuz ki Tanrı'nın her çocuğu her daim ışıkta yürümeli ve asla günah işlememelidir. Fakat eğer bir inanlının henüz yetkin olmadığı zamanlarda işlediği günahlar yüzünden Tanrı'yla arasında günah duvarı örülmüş ise, inanlının çözümleri bilmeye ve o çözümler doğrultusunda haraket etmeye gereksinimi olur. Bu çözümler, Tanrı'nın günah sunularıyla ilgili ayetlerinde bulunur.

Okuduğumuz şekliyle günah sunusu, yaşamlarımızda işlediğimiz günahlardan bağışlanmak için Tanrı'ya adanan bir sunudur ve yöntemi, Tanrı'nın bizlere verdiği görevler ve imanımızın ölçüsüne göre çeşitlilik gösterir. Levililer 4. Bölüm, meshedilmiş bir kâhinin, topluluğun, önderlerin ve halkın sunduğu günah sunularından bahseder.

2. Meshedilmiş Kâhinin Günah Sunusu

Levililer 4:2-3 ayetlerinde Tanrı Musa'ya şöyle der: *"İsrail halkına söyle: 'Biri buyruklarımdan birinde yasakladığım bir şeyi yapar, bilmeden günah işlerse; meshedilmiş kâhin günah işleyerek halkını da suçlu kılarsa, işlediği günahtan ötürü RAB'be günah sunusu olarak kusursuz bir boğa sunmalı.'"*

Burada geçen "İsrail halkı" sözüyle Tanrı'nın tüm çocukları kastedilir. "Bir kişinin Rab'bin yasakladığı bir şeyi yapması" ve "bilmeden günah işlemesi", Tanrı'nın "yapılmamalarını buyurduğu" Kutsal Kitap'ın 66 kitabında mevcut olan Sözü'nün çiğnenmesidir.

Bir kâhin – günümüz terminolojisiyle Tanrı'nın sözünü öğreten ve duyuran bir peder – Tanrı'nın yasasını çiğnediğinde günahı halka kadar ulaşır. Sürüsüne gerçeğe göre öğretmediğinden ve kendide bizzat gerçeğe göre yaşamadığından, günahı büyüktür. Bilmeden günah işlemiş olsa bile bir pederin Tanrı'nın isteğine sıkı sıkıya tutunmamış olması oldukça utanç vericidir.

Örneğin bir peder gerçeği yanlış öğretirse, sürüsü onun sözlerine inanır, Tanrı'nın isteğine karşı gelir ve bir bütün olarak kilise, Tanrı'yla aralarına günah duvarı örerler. Tanrı bizlere, "kutsal olun", "Her türlü kötülükten uzak olun" ve "sürekli dua edin" demiştir. Öyleyse bir peder, "İsa bizleri tüm günahlarımızdan kurtardı. Kiliseye geldiğiniz sürece kurtulmuş sayılırsınız" derse ne olurdu? İsa'nın Matta 15:14 ayetinde bizlere, *"Eğer kör köre kılavuzluk ederse, ikisi de çukura düşer"* demiş olduğu gibi, o pederin günahının ücreti büyüktür çünkü hem peder hem de sürü Tanrı'dan uzak gelişirler. Eğer bir peder günah işleyerek insanları da suçlu kılıyorsa, Tanrı'ya günah sunusu sunmak zorundadır.

1) Günah Sunusu olarak Kusursuz Erkek Bir Boğa

Meshedilmiş bir kâhinin günah işlemesi, "halkını suçlu kılması" anlamına gelir ve günahlarının ücretinin büyük olduğunu bilmelidir. 1. Samuel 2-4 bölümlerinde, Tanrı'ya sunulan kurbanları kendi çıkarları için kullanarak günah işleyen Eli'nin oğullarına neler olduğunu okuruz. Filistinliler İsrailliler'i savaşta bozguna uğrattığında, Eli'nin iki oğlu ve otuz bin yaya asker yaşamını yitirdi. Tanrı'nın Sandığı dahi alındı ve tüm İsrail acıya maruz kaldı.

İşte bu yüzden kefaret sunusu, tüm diğerlerinden çok daha değerli olmak zorundaydı: Kusursuz erkek bir boğa. Tanrı, tüm sunular arasında en fazla erkek boğa ve kuzuları hoşnutlukla kabul eder ve erkek bir boğanın değeri çok büyüktür. Günah sunusu olarak kâhin, herhangi bir erkek hayvanı değil, ama kusursuz erkek bir boğayı kurban etmelidir. Ruhani açıdan bu, sunuların isteksizce ya da sevinç duymadan verilemeyeceğini, her bir sununun tam bir diri kurban olması gerektiğini ifade eder.

2) Günah Sunusunun Verilişi

Kâhin, boğayı Buluşma Çadırı'nın giriş bölümüne, Rab'bin önüne getirmeli, ellerini onun başının üzerine koymalı ve onu kesmelidir. Boğanın kanının birazını alıp Buluşma Çadırı'na götürmeli, parmağını kana batırıp En Kutsal Yer'in perdesi önünde, RAB'bin huzurunda yedi kez serpmelidir (Levililer 4:4-6). Elin boğanın başının üzerine konulması, kişinin günahının hayvana yüklenmesini simgeler. Günah işleyen kişi ölüme mahkûm iken, ellerini sununun başının üzerine koyup günahlarını hayvana yükleyerek ve onu keserek günahlarından bağışlanır.

Bundan sonra kâhin, hayvanın kanının birazını alır, parmaklarını kana batırır ve Buluşma Çadırı'nın içersindeki En Kutsal Yer'in perdesi önünde serper. "Kutsal Yer'in perdesi", Kutsal Yer'i En Kutsal Yer'den ayıran kalın bir perdedir. Sunular genelde Kutsal Yer'de değil, ama tapınağın avlusunda yer alan sunakta verilir. Fakat kâhin, günah sunusunun kanıyla Kutsal Yer'e girer ve Tanrı'nın bulunduğu En Kutsal Yer'in hemen önünde yer alan Kutsal Yer'in perdesi önünde kanı serper.

Parmağı kana batırmak, bağışlanmak için yalvarmayı simgeler. Kişinin sadece dudaklarıyla ya da adağıyla değil, ama ayrıca günahı ve kötülüğü söküp atmak suretiyle tövbenin meyvesini vererek tövbe ettiğini simgeler. Parmakları kana batırmak ve onu "yedi kez" serpiştirmek – ruhani dünyanın yetkin sayısı olarak "yedi"– bir kişinin günahlarını tamamen söküp attığını simgeler. Bir kişi ancak tamamıyla günahlarını söküp attığında ve bir daha günah işlemediğinde yetkin bir bağışlanmayı elde edebilir.

Kâhin ayrıca Buluşma Çadırı'nda, RAB'bin huzurunda, kanı buhur sunağının boynuzlarına sürer ve sununun artakalan kanını çadırın giriş bölümündeki yakmalık sunu sunağının dibine döker (Levililer 4:7). Buhur sunağı, buhurun yakılması için hazırlandığı bir sunaktır. Ateşe verildiğinde çıkan kokuyu Tanrı kabul eder. Ayrıca Kutsal Kitap'ta boynuz, bir kralı ve onun asaletiyle yetkinliğini temsil eder; kralımız Tanrı'yı simgeler (Vahiy 5:6). Buhur sunağının boynuzlarına kan sürmek, sunun kralımız Tanrı tarafından kabul edildiğinin göstergesi olarak görülür.

Öyleyse günümüzde Tanrı'nın kabul edileceği şekilde nasıl tövbe edebiliriz? Önceki sayfalarda, günah ve kötülüğün, günah sunusunun kanına parmakları daldırarak ve kanı serperek sökülüp atıldığından bahsedildi. Üzerinde düşünüp günahlardan tövbe ettikten sonra Kutsal Yer'e gelmeli ve dua esnasında günahlarımızı ikrar etmeliyiz. Tıpkı Tanrı'nın kabul edeceği şekilde buhur sunağının boynuzlarına kanın sürüldüğü gibi, bizlerde Tanrı'nın yetkinliğinin huzuruna gelmeli ve O'na tövbe duası sunmalıyız. Kutsal yere gelmeli, dizlerimizin üzerine çökmeli ve tövbe ruhunun üzerimize gelmesine izin veren Kutsal Ruh'un işlerinin ortasında İsa Mesih'in adıyla dua etmeliyiz.

Bu, tövbe edeceğimiz kutsal yere gelene dek beklememiz gerektiği anlamına gelmez. Tanrı'ya bir yanlış yaptığımızı anladığımız anda derhal tövbe etmeli ve yolumuzdan dönmeliyiz, Burada kutsal yere gelmek, Rab'bin Günü olan Şabat'tır.

Eski Ahit zamanında sadece kâhinler Tanrı'yla iletişim kurabilirken, Kutsal Ruh her birimizin yüreğini mesken edindiğinden, artık bu gün Tanrı'ya dua edebilir ve Kutsal

Ruh'un işleri ortasında Tanrı'yla doğrudan ve yakın bir paydaşlık içinde olabiliriz. Ayrıca tövbe duası ancak Kutsal Ruh'un işleriyle sunulabilir. Fakat tüm duaların, Rab'bin Gününü kutsal sayıp tutarak bütünlüğe kavuşacağını aklınızdan çıkarmayın.

Rab'bin Gününü kutsal sayıp tutmayan bir kişinin, ruhsal açıdan Tanrı'nın bir çocuğu olduğunun kanıtı yoktur ve bir başına tövbe duası sunsa bile bağışlanmaz. Tövbe, sadece bir kişi günah işlediğini kavradığında değil, ama ayrıca Rab'bin Gününde, Tanrı'nın kutsal yerinde usullere uygun tövbe duasını yenilediğinde, hiç kuşkusuz Tanrı tarafından kabul edilir.

Buhur sunağının boynuzlarına kanı sürdükten sonra artakalan kanı, yakmalık sunu sunağının dibine döker. Bu, kurbanın yaşamı olan kanı, bütünüyle Tanrı'ya sunma eylemidir ve ruhani açıdan bütünüyle adanmış bir yürekle tövbe ettiğimizi simgeler. Tanrı'ya işlediğimiz günahlardan bağışlanmak, tüm yüreğimiz, aklımız, büyük ve en içten çabamızla tövbe etmemizi gerekli kılar. Tanrı'ya gerçek bir tövbe sunan kişinin, bir daha Tanrı huzurunda aynı günahları işlemeye cesareti olmaz.

Daha sonra kâhin, günah sunusu olan boğanın tüm yağını alır ve esenlik sunusunda olduğu gibi yakmalık sunu sunağının üzerinde onları yakar. Sonra onu ordugâhın dışında küllerin döküldüğü yere götürür ve derisini, etinin tümünü, başını, ayaklarını ve içorganlarını yakar (Levililer 4:8-12). "Yakılmaları", bir kişinin özbenliğinin gerçekte yıkıldığını ve sadece gerçeğin hayatta kaldığını simgeler.

Tıpkı esenlik sunusunda yağın çıkarıldığı gibi, günah

sunusunda da yağ çıkarılır ve sonra sunakta yakılır. Boğanın yağının sunakta yakılarak sunulması, ancak tüm yüreğimiz, aklımız ve azami ölçüde isteğimizle sunulan tövbenin Tanrı tarafından kabul edileceğini bizlere anlatır.

Yakmalık sununun tüm parçaları sunakta yakılırken, günah sunusunda yağ ve böbrekler haricinde tüm parçalar, ordugâhın dışında küllerin döküldüğü yere götürülüp yakılır. Peki neden? Yakmalık sunu, Tanrı'yı hoşnut etmeyi ve O'nunla paydaşlık içinde olmayı amaçlayan bir tapınma olduğundan tapınağın sunağında hoş bir koku olarak yakılır. Fakat günah sunusu bizleri kirli günahlardan aklamak için sunulduğundan, tapınağın içindeki sunakta hoş bir koku olarak sunulamaz ve insanların yaşadığı yerden oldukça uzak bir yerde tamamen yakılır.

Bu gün bile Tanrı'nın huzurunda tövbe ettiğimiz günahları tamamen söküp atmanın mücadelesini vermeliyiz. Kibri, gururu, dünyadaki zamanlarımızdan kalan eski özbenliğimizi, Tanrı'nın önünde uygun olmayan günahkâr bedenlerimizin eylemlerini ve bunlar gibi olan diğer şeyleri, Kutsal Ruh'un ateşiyle ateşe vermeliyiz. Yakılarak sunulan kurbana – boğa, – hayvanın başının üzerine elini koyan kişinin günahları yüklenmiştir. Bu sebeple bu noktadan itibaren o kişi, Tanrı'nın hoşnut olduğu diri bir kurban olmalıdır.

Bu noktada günümüzde ne yapmalıyız?
Kurban edilen boğayla bizleri günahlarımızdan kurtarmak

için çarmıhta ölen İsa arasındaki ruhani anlam daha önce açıklandı. Bu yüzden eğer tövbe ettiysek ve sununun tüm parçalarını yaktıysak, o noktadan itibaren Tanrı'ya verilmiş bir kurban olarak, günah sunusu olan Rab'bimize benzer şekilde dönüşmeliyiz. Rab'bimizi temsilen kilise cemaatine şevkle hizmet ederek, inanlılarının yüklerini atmalarını sağlamalı ve onlara sadece gerçek ve iyi şeyleri tedarik etmeliyiz. Gözyaşları, sabır ve duayla yüreklerinin tarlalarını yetiştirmeleri için kilise cemaatine kendimizi adayarak ve yardım ederek, kardeşlerimizi Tanrı'nın gerçek ve kutsal çocuklarına dönüştürmeliyiz. O zaman Tanrı, tövbemizi gerçek sayar ve bizleri kutsamaların yoluna yönlendirir.

Kâhinler değilsek bile 1. Petrus 2:9 ayetinde, *"Ama siz seçilmiş soy, Kral'ın kâhinleri, kutsal ulus, Tanrı'nın öz halkısınız,"* yazdığı gibi, Rab'be iman eden hepimiz kâhinler gibi yetkin ve Tanrı'nın gerçek çocukları olmalıyız.

Ayrıca günahlardan bağışlanmak için Tanrı'ya adanan bir sunuya tövbe eşlik etmelidir. Hatalarından derin pişmanlık duyan ve onlardan tövbe eden bir kişi, doğal olarak sunular vermeye yönelir. Eylemlerine böylesi bir yüreğin eşlik etmesi, Tanrı'nın huzurunda tam bir tövbenin arayışı sayılır.

3. Topluluğun Günah Sunusu

"Eğer bütün İsrail topluluğu bilmeden günah işler, RAB'bin buyruklarından birinde yasaklanmış

olanı yaparsa durum gözden kaçsa bile suçlu sayılır. İşlediği günah açığa çıkınca, topluluk günah sunusu olarak bir boğa sunmalı, onu Buluşma Çadırı'nın önüne getirmeli" (Levililer 4:13-14).

Günümüz terminolojisinde "topluluğun günahı" ile kastedilen tüm kilisenin günahıdır. Örneğin pederler, kilise önde gelenleri, kıdemli diyakozlar yüzünden bir kilisede bölünmeler meydana geldiğinde, tüm bir cemaatin başı ağrır. Bir kez bölünmeler meydana geldiğinde ve çekişmeler başladığında, bir bütün olarak tüm kilise günah işlemeye başlar. Çekişmeler yüzünden cemaatin çoğunluğu savrulduğundan ve birbirlerine karşı kötü hisler beslediklerinden, Tanrı'nın önünde uzun bir günah duvarı örerler.

Tanrı bile bizlere düşmanlarımızı sevmemizi, başkalarına hizmet etmemizi, kendimizi alçakgönüllü kılmamızı, tüm insanlarla esenlik içinde olup kutsallaşmamızı söylemiştir. Durum böyleyken Rab'bin hizmetkârlarının ve sürüsünün ya da Mesih'te kardeş olanların uyuşmazlık içinde birbirine karşı olması ne utanç verici ve üzücü bir durum! Eğer bu gibi hadiseler kilise içersinde meydana gelirse, o kiliseyi Tanrı korumaz. Orada diriliş olmaz ve cemaatin evlerinde ve işyerlerinde sıkıntılar doğar.

Topluluğun günahı nasıl bağışlanır? Tüm topluluğun günahı bilinir olduğunda, Buluşma Çadırı'na bir boğa getirilmelidir. Sonra topluluğun ileri gelenleri ellerini sununun üzerine koyar ve Rab'bin huzurunda boğa kesilir. Kâhinin günah sunusuyla aynı şekilde Tanrı'ya sunulur. Gerek değer gerekse kıymet açısından kâhinlerle topluluk için sunulan günah sunuları benzerdir. Bu, kâhinlerle tüm topluluğunun işlediği günahların ağırlığının Tanrı'nın nazarında aynı olduğu anlamını taşır.

Fakat kâhinlerin sunmak zorunda olduğu kurban kusursuz bir erkek boğa olmak zorundayken, topluluğun sunmak zorunda olduğu kurbanın sadece erkek bir boğa olması yeterlidir. Çünkü tüm topluluğun tek bir yürek halinde, sevinç ve şükranla bir sunu sunması kolay değildir.

Günümüzde bütün bir kilise günah işlediğinde ve tövbe etmeyi dilediğinde, aralarında hiç imanı olmayan veya huzursuz yürekleriyle tövbe etmeyi reddeden insanlar olması mümkündür. Tüm topluluğun Tanrı'ya kusursuz bir sunu vermesi kolay olmadığından, Tanrı bu konudaki merhametini göstermiştir. Kilise cemaatinin çoğunluğu tövbe edip gittikleri yoldan döndüklerinde, birkaç insan tam bir yürekle sunulara kendilerini vermemiş olsalar bile, Tanrı günah sunusunu kabul eder ve bağışlar.

Topluluğunun her bir üyesinin elini sununun üzerine koyması mümkün olmadığından, tüm topluluk Tanrı'ya günah sunusu adadığında, topluluk adına topluluğun önde gelenleri ellerini kurbanın başı üzerine koyarlar.

Geriye kalan işlemlerin hepsi; kâhinin ellerini kana batırıp yedi kez Kutsal Yer'in perdesi önünde serpmesinden buhurluk sunağının boynuzlarına kanı sürülmesine ve sunudan arta kalanların ordugâhın dışında yakılmasına kadar adım adım kâhinin günah sunusuyla aynıdır. Bu işlemlerin ruhani anlamı, günahtan tamamıyla dönmektir. Bizlerde Tanrı'nın kutsal yerinde İsa Mesih'in adıyla ve Kutsal Ruh'un işleriyle tövbe duası etmeliyiz ki tövbemiz usulen kabul edilsin. Bu şekilde tüm topluluk tek yürek halinde tövbe ettikten sonra günah bir daha asla tekrarlanmamalıdır.

4. Önderlerin Günah Sunusu

Levililer 4:22-24 ayetlerinde şu sözleri okuruz:

"Önderlerden biri günah işler, bilmeden Tanrısı RAB'bin buyruklarından birinde yasak olanı yaparsa, suçlu sayılır. İşlediği günah kendisine açıklanırsa, sunu olarak kusursuz bir teke getirmeli. Elini tekenin başına koymalı ve yakmalık sunuların kesildiği yerde RAB'bin huzurunda onu kesmeli. Bu bir günah sunusudur."

Kâhinlerden konumca aşağıda olan önderler, rehber konumundadırlar ve halk sınıfından faklı bir sınıfta yer alırlar. Bu yüzden önderler, Tanrı'ya teke kurban ederler. Kâhinlerin sunduğu erkek boğalardan daha aşağıda, ama halktan insanların günah sunusu olarak kurban ettiği dişi keçilerden ise daha yüksektir.

Günümüz terminolojisinde kilise önderleri, takım ya da hücre önderleri veya Pazar Okulu öğretmenleridir. Önderler, kilise üyelerine rehberlik etme konumundadırlar. Kilise dışı üyeler ya da imanda yeni olanların aksine, bu kişiler Tanrı'nın önünde ayrılmıştır. Dolayısıyla aynı günahlar işlenmiş olsa dahi, önderlerin tövbenin çok daha büyük bir meyvesini Tanrı'ya vermeleri gerekir.

Geçmişte bir önder elini kusursuz bir tekenin başının üzerine koyarak günahlarını tekeye yükler ve sonra Tanrı'nın huzurunda onu keserdi. Kâhin, parmaklarını kana batırıp buhurluk sunağının boynuzlarına kanı sürdüğünde ve yakmalık sunu sunağının dibine kurbanın geriye kalan kanını döktüğünde, önderler bağışlanırdı. Esenlik sunusunda olduğu gibi, kurbanın yağları sunakta yakılırdı.

Kâhinin aksine, bir önderin hayvanın kanını, Kutsal Yer'in perdesi önünde yedi kez serpiştirmesine gerek yoktu. Tövbesini, kanı buhurluk sunağının boynuzlarına sürerek gösterir ve Tanrı bunu kabul ederdi. Bunun nedeni, bir kâhinle önderin imanın ölçüsü arasındaki farktır. Tövbe ettikten sonra bir kâhin asla bir daha günah işlememek zorunda olduğundan, kurbanın kanını ruhani anlamda yetkin bir sayı olan yedi kez serpmek zorundaydı.

Oysaki bir önder bilmeden yeniden günah işleyebilir. Bu yüzden kurbanının kanını yedi kez serpiştirilmesi önderler için buyrulmamıştır. Bu, her bireyin imanının seviyesine göre tövbe etmesini isteyen Tanrı'nın sevgi ve merhametinin bir işaretidir. Buraya kadar işlenmiş olan günah sunularında "kâhin" ile kastedilen "peder" ve "önder" ile kastedilen ise liderlik konumunda olanlardır. Fakat bu ilişki, bir kilise içersinde Tanrı tarafından verilen görevlerle sadece sınırlı değildir; ayrıca her inanlının iman ölçüsü de kastedilir.

Bir peder imanla kutsallaşmalıdır ve sonra rehberlik edeceği inanlılardan oluşan sürüyü emanet alır. Henüz yetkin kutsallığı başarmamış olsa bile, grup ya da hücre önderi veya Pazar okulu öğretmeni gibi rehberlik etme konumunda olan birinin imanının, halktan bir kişinin imanından farklı bir seviyede olması elbette doğaldır. Bir pederin, önderin ve halktan insanın imanının seviyesi farklılık gösterdiğinden, günahın değeri ve Tanrı'nın kabulleneceği tövbenin seviyesi, bu kişiler benzer günahlar işlemiş olsalar bile farklıdır.

Bu, bir inanlının, "İmanım henüz yetkin olmadığından daha sonra tekrar günah işlesem bile Tanrı bana bir şans daha verir." diye düşünmesinin ve sonra böyle bir yürekle tövbe etmesinin caiz olduğu anlamına gelmez. Bir kişi bilerek ve isteyerek günah işlediğinde değil, ama bilmeden günah işleyip sonradan bunun farkına vardığında ve tövbe ettiğinde, Tanrı o kişinin tövbesini kabul edip bağışlar. Dahası bir kez günah işlediğinde ve bu günahından tövbe ettiğinde, bir daha aynı günahı asla işlememek üzere kendini adayarak dua etmek için her türlü çabayı gösterdiği takdirde, Tanrı ancak o kişinin tövbesini kabul eder.

5. Halkın Günah Sunusu

"Halk" kıt imanlı insanlar ya da kilisenin sıradan üyeleridir.

Halktan insanlar kıt imanları yüzünden günah işlerler ve bu yüzden onların günah sunularının ağırlığı bir kâhinin ya da önderinkinden azdır. Halktan birinin günah sunusu olarak kusursuz bir tekeden daha az önemi olan dişi bir keçiyi Tanrı'ya sunması gerekir. Kâhinlerle önderlerin günah sunularında olduğu gibi, kâhin, halktan kişinin günah sunusunun kanına parmaklarını batırmalı, buhurluk sunağının boynuzlarına kanı sürmeli ve arta kalanı sunağın dibine dökmelidir.

Eğer ki işlediği günahlardan pişmansa ve tövbeyle yüreğini paralıyorsa, halktan birinin ileride tekrar günah işleme olasılığı kıt imanı yüzünden olsa da Tanrı şefkat gösterip o kişiyi bağışlar. Ayrıca Tanrı'nın kurban olarak "dişi keçi" buyurmasından, bu seviyede işlenmiş günahların teke ya da erkek boğanın kurban edilmesinin buyrulduğu günahlardan daha kolay bağışlandığını söyleyebiliriz. Bu, Tanrı'nın vasat tövbelere izin verdiği anlamını taşımaz. Kişi bir daha asla günah işlememek üzere Tanrı'ya gerçek bir tövbe sunmalıdır.

Kıt imanlı biri günahını kavrayıp tövbe ettiğinde ve o günahı bir daha işlememek için her türlü çabayı gösterdiğinde, günah işleme sıklıkları ondan beşe ve üçe doğru azalır ve sonunda onu tamamen söküp atarlar. Tanrı, tövbenin meyvesinin eşlik ettiği tövbeleri kabul eder. Eğer tövbesi sadece dudaklarında kalıyor ama yüreğini değiştirmiyorsa, Tanrı, imanda yeni birinin tövbesini dahi kabul etmez.

Tanrı, günahlarının farkına varır varmaz derhal tövbe eden ve onları şevkle söküp atan imanda yeni birinden sevinç duyar ve onu sever. "İmanım işte budur ve bu da benim için yeterli" diye kendimizi inandırmamalıyız. Sadece tövbe de değil, ama ayrıca dua da, tapınmada ve Mesih'teki yaşamın diğer tüm safhalarında bir kişi kendi kapasitesinin üzerine ve ötesine geçmek için çaba gösterdiğinde, Tanrı'nın taşan sevgi ve kutsamalarını daha fazlasıyla elde eder.

Bir kişinin dişi bir keçiyi alım gücü yoksa ve kuzu kurban ediyorsa, o kuzunun kusursuz dişi bir kuzu olması gerekir (Levililer 4:32). Yoksullar iki kumru ve iki güvercin, çok daha yoksul olanlar ise azıcık ince un sunarlardı (Levililer 5:7, 11). Adaletin Tanrısı böyle tasnif etmiş ve her bireyin imanının ölçüsüne göre günah sunularını kabul etmiştir.

Buraya kadar farklı konumlarda ve farklı görevleri olan insanlar tarafından Tanrı'ya verilen günah sunularını inceleyerek nasıl kefaretimizi ödeyeceğimizi ve Tanrı'yla esenliği nasıl tesis edeceğimizi tartışmış olduk. Okuyucuların her daim Tanrı tarafından verilen görevlerini ve imanlarını gözden geçirerek, Tanrı'nın yolunda örülen günah duvarını her keşfettiklerinde tamamıyla hatalarından ve günahlarından tövbe ederek, Tanrı'yla esenliği tesis etmelerini umut ediyorum.

7. Bölüm

Suç Sunusu

"Eğer biri RAB'be adanmış nesnelere el uzatır,
bilmeden günah işlerse, suç sunusu olarak RAB'be
küçükbaş hayvanlardan kusursuz bir koç getirmeli.
Değeri gümüş şekelle,
kutsal yerin şekeliyle ölçülmeli."

Levililer 5:15

1. Suç Sunusunun Önemi

Suç sunusu, işlenen bir suçun karşılığının ödenmesi için Tanrı'ya sunulur. Tanrı'nın halkı Tanrı'ya karşı günah işlediğinde, O'na suç sunusu sunmalı ve O'nun huzurunda tövbe etmelidir. Fakat günahların çeşidine bağlı olarak, günah işleyen kişi sadece yüreğini günahtan çevirmekle değil, ama ayrıca hatalarının sorumluluğunu üstlenmek zorunda da kalabilir.

Örneğin bir kişinin arkadaşına ait bir şeyi aldığını ve kazayla o şeyi kırdığını farz edelim. Böyle bir durumda o kişi salt, "üzgünüm" diyemez. Sadece özür dilemekle kalmamalı, ama telafi etmelidir. Kırdığı malı telafi edemiyorsa, arkadaşının kaybına eş değer bir ödeme yapmalıdır. Gerçek tövbe budur.

Suç sunusu vermek, telafi ederek esenliği sağlamayı ve hataların sorumluluğunu yüklenmeyi temsil eder. Aynısı Tanrı huzurunda edilen tövbelerde de geçerlidir. Mesih'teki kız ve erkek kardeşlerimize verdiğimiz zararı telafi etmek zorunda olduğumuz gibi, tövbemizin tam bir tövbe sayılması için, Tanrı'ya karşı işlediğimiz günahlardan sonrada uygun bir tövbenin eylemlerini Tanrı'ya göstermeliyiz.

2. Suç Sunusunun Verildiği Koşul ve Yöntemler

1) Yalan Tanıklık Ettikten Sonra

Levililer 5:1 ayeti bize şöyle der: *"Lanetleneceğini bile bile gördüğüne ya da bildiğine tanıklık etmeyen kişi günah işlemiş olur ve suçunun cezasını çekecektir."* Kendi çıkarları söz konusu olduğunda, hakikati söyleyeceklerine yemin etmelerine rağmen insanların yalancı tanıklık yaptığı zamanlar olur. Örneğin çocuğunuzun bir suç işlediğini ve masum bir insanın suçlandığını farz edin. Eğer tanık sandalyesine otursanız, doğru tanıklık edebileceğinize inanıyor musunuz? Çocuğunuzu korumak adına sessizliğinizi koruyarak bir başka kişiye zarar verdiğinizde, insanlar gerçeği bilmiyor olabilirler, ama Tanrı her şeyi görür. Bu yüzden, bir tanık, adil bir yargılama için aynen gördüğü ve duyduğu şekilde tanıklık etmelidir ki, hiç kimse haksızlığa maruz kalmasın.

Günlük yaşantımızda da aynıdır. Pek çok insan ne gördüğünü ya da duyduğunu doğru bir şekilde nakledemez ve kendi yargılarıyla yanlış bilgi iletirler. Bazıları ise gerçekten görmedikleri bir şeyi görmüş gibi, yalan hikâyeler uydurur ve yalan tanıklık ederler. Böylesi yalan tanıklıklar yüzünden masum insanlar işlemedikleri suçlardan yargılanır ve haksızlığa uğrar. Yakup 4:17 ayetinde şu sözlere rastlarız: *"Bu nedenle, yapılması gereken iyi şeyi bilip de yapmayan, günah işlemiş olur."* Gerçeği bilen Tanrı çocukları gerçekle görmeli ve doğru tanıklıklarda bulunmalıdırlar ki, başka kimseler kendilerini sıkıntı içinde bulmasın ya da zarara uğramasın.

Eğer iyilik ve gerçek yüreklerimize yerleşmişse, her olayda her zaman gerçeği söyleriz. Kimse hakkında kötü konuşup suçlamaz, gerçeği bozmaz ya da alakasız yanıtlar vermeyiz. Bir kişi gerek duyulduğunda ifade vermekten kaçınmış ya da yalancı tanıklık yaparak insanlara zarar vermişse, Tanrı'ya suç sunusu sunmalıdır.

2) Kirli Sayılan Bir Şeye Dokunduktan Sonra

Levililer 5:2-3 ayetleri şöyle yazar:

Biri bilmeden kirli sayılan herhangi bir şeye, yabanıl, evcil ya da küçük bir hayvan leşine dokunursa, kirlenmiş olur ve suçlu sayılır. 'Biri bilmeden kirli sayılan bir insana ya da insandan kaynaklanan kendisini kirletecek herhangi bir şeye dokunursa, ne yaptığını anladığı an suçlu sayılacaktır.

Burada "kirli sayılan herhangi bir şey", ruhani açıdan gerçeğe ait olmayan her türlü davranıştır. Bu davranışlar görülen, duyulan ya da konuşulan her şeyin yanı sıra beden ve yürek tarafından hissedilen şeyleri de kapsar. Gerçeği bilmeden önce günah saymadığımız şeyler vardır. Oysa gerçeğe ulaştığımızda aynı şeyleri, Tanrı'nın nazarında uygunsuz saymaya başlarız. Örneğin Tanrı'yı bilmediğimiz zaman şiddet ya da pornografi içeren müstehcen şeylerle karşılaşmış olabiliriz, ama o vakitler bu gibi şeylerin kirli olduğunu kavramamışızdır. Fakat Mesih'teki yaşamlarımıza başladıktan sonra böyle şeylerin gerçeğe aykırı olduğunu öğrendik. Gerçekle ölçüp kirli sayılan şeyleri yaptığımızı bir kez kavradığımızda tövbe etmeli ve Tanrı'ya suç sunuları sunmalıyız.

Mesih'teki yaşamlarımızda dahi istemeden kötü şeyleri gördüğümüz ve duyduğumuz anlar olur. Böyle şeyleri gördükten veya duyduktan sonra bile yüreklerimizi koruyabiliyorsak iyidir.

Fakat bir inanlının yüreğini muhafaza edemeyip, bu tarz kirli şeylere eşlik eden duyguları benimseme olasılığı olduğundan, günahını anlar anlamaz tövbe etmeli ve Tanrı'ya günah sunusu sunmalıdır.

3) Ant İçtikten Sonra

Levililer 5:4 ayeti şöyle der: *"Biri hangi konuda olursa olsun, kötülük ya da iyilik yapmak için, düşünmeden ve ne yaptığını bilmeden ant içerse, bunu anladığı an suçlu sayılacaktır."* Tanrı, "kötülük ya da iyilik için olsun" ant içmeyi bize yasaklamıştır.

Tanrı neden ant içmemizi ya da yemin etmemizi yasaklar? Tanrı'nın "kötülük olsun" diye ant içmemizi yasaklaması doğaldır, ama ayrıca "iyilik olsun" diye ant içmemizi de yasaklar çünkü insan ettiği yemini %100 tutamaz (Matta 5:33-37; Yakup 5:12). Gerçekle yetkin hale gelen dek bir insanın yüreği, kendi çıkarları ve hisleri doğrultusunda savrulur ve ettiği yemini tutamaz. Ayrıca düşman Şeytan ile iblisin, inanlıların yaşamlarına müdahale ettiği ve yeminlerini yerine getirmelerini önlediği zamanlar olur; böylece onları suçlayabilecekleri dayanakları elde ederler. Şu uç örneği düşünün: Farz edin ki biri, "yarın bunu ve şunu yapacağım" deyip ertesi gün aniden hayatını kaybetmiş olsun. Yeminini o kişi nasıl yerine getirebilir?

Bu sebeple, bir kişi kötülük ve hatta iyilik için dahi olsa asla yemin etmemelidir. Yemin etmek yerine Tanrı'ya dua etmeli ve gücünü istemelidir. Örneğin aynı kişi sürekli dua etmek için ant içtiyse, "Her gece dua toplantılarına katılacağım" diye ant içmek yerine, "Tanrım, lütfen sürekli dua etmem için bana yardım et ve beni düşman iblisle Şeytan'nın müdahalesinden koru" diye dua etmelidir. Eğer bir kişi alelacele ant içtiyse, tövbe etmeli ve Tanrı'ya suç sunusu sunmalıdır.

Yukarıda bahsi geçen üç koşuldan biri işlendiyse, kişi, *"Günahının bedeli olarak RAB'be bir suç sunusu getirmeli. Bu sunu küçükbaş hayvanlardan olmalı. [Günah Sunusu olarak]*[4] *Dişi bir kuzu ya da keçi olabilir. Kâhin kişinin günahını bağışlatacaktır"* (Levililer 5:6). Burada "günah sunusu", suç sunusuyla birlikte buyrulur. Çünkü suç sunusunun verileceği günahlar için ayrıca günah sunusu da verilmelidir. Daha önce bahsedildiği gibi, günah sunusu, Tanrı'nın huzurunda işlenen günah ve o günahtan tamamen dönmek için edilen tövbedir. Günah, kişinin sadece yüreğini günahkâr yollardan döndürmesini değil, ama ayrıca sorumluluğu üstlenmesini de gerektirdiğinde, kaybın ya da zararın ücretini ödeyerek veya belli amellerle sorumluluğu üstlenerek verdiği suç sunusu, o kişinin tövbesini yetkin kılar.

Bu koşullar altında, bir kişi sadece zararın bedelini ödemekle kalmamalı, ama Tanrı'nın huzurunda tövbe ederken, suç sunusu

---

[4] Orijinal metinlerde, "Günah sunusu olarak sürüden dişi bir kuzu ya da keçi olabilir," diye geçmektedir.
"He shall also bring his guilt offering to the LORD for his sin which he has committed, a female from the flock, a lamb or a goat as a sin offering. So the priest shall make atonement on his behalf for his sin." Leviticus 5:6

yanı sıra ayrıca günah sunusu da vermelidir. Kişi, bir başka kişiye yanlış yapmış olsa dahi, Tanrı'nın bir çocuğu olarak işlememesi gereken bir günah işlemiş olduğundan, göksel Baba'nın önünde ayrıca tövbe etmelidir.

Bir adamın kız kardeşini aldattığını ve ona ait olan malları üstüne geçirdiğini farz edin. Eğer erkek kardeş tövbe etmek istiyorsa, ilk önce Tanrı'nın huzurunda yüreğini paralamalı, açgözlülükle hilekârlığı söküp atmalıdır. Bundan sonra ise yanlış yaptığı kız kardeşi tarafından bağışlanmalıdır. Sadece dudaklarıyla özür dilememeli, ama kendisi yüzünden kız kardeşinin maruz kaldığı kaybı da olabildiğince çok karşılamalıdır. Burada adamın vereceği "günah sunusu", günahkâr yoldan dönme ve Tanrı'nın önünde tövbe etme eylemidir. "Suç sunusu" ise, kız kardeşi tarafından bağışlanmayı aradığı, telafi ettiği ve kız kardeşinin kaybını karşıladığı bir tövbe eylemidir.

Levililer 5:6 ayetinde Tanrı, suç sunusuna eşlik eden günah sunusunun verildiği durumlarda, dişi bir keçi ya da kuzu kurban edilmesini buyurur. Bir sonraki ayette kuzu ya da keçi alamayacak durumda olanların, suç sunusu olarak iki tane kumru ya da iki tane güvercin kurban etmeleri gerektiğini okuruz. İki adet kuş kurban edildiğini aklınızdan çıkarmayın. Bunlardan biri günah, diğeri ise yakmalık sunu olarak verilir.

Tanrı neden günah sunusu olarak iki kumru ya da güvercin kurban edildiği durumlarda yakmalık sununun olmasını da buyurmuştur? Yakmalık sunu, Şabat Gününü kutsal sayıp tutmayı simgeler. Ruhsal tapınma olarak Pazar günleri Tanrı'ya adadığımız dinsel ayindir. Bu yüzden, yakmalık sunuyla birlikte günah sunusu olarak verilen iki kumru ve iki güvercin, Rab'bin gününü kutsal sayıp tutarak insanın tövbesinin yetkin kılınacağını anlatır. Yetkin tövbe, sadece kişinin günah işlediğini fark eder etmez tövbe etmesini değil, ama ayrıca günahlarını ikrar etmeyi ve Rab'bin gününde, Tanrı'nın kutsal yerinde tövbe etmesini de gerektirir.

Eğer bir kişi iki güvercin ve iki kumru kurban edemeyecek kadar yoksul ise, sunu olarak onda bir efa (takribi 22 litre ya da 5 galona tekabül eden ölçü) ince un getirmelidir. Günah sunusu bağışlanmak için verildiğinden, hayvan kurban edilmelidir. Fakat merhametiyle Tanrı, kendisine hayvan kurban edemeyecek durumda olan yoksulların un sunusu vermesine izin vermiştir ki, günahlarından bağışlanabilsinler.

Unla verilen günah sunusuyla unla verilen tahıl sunusu arasında bir fark vardır. Kokulu olsun ve hoş görülsün diye tahıl sunusuna günnük ve zeytinyağı eklenirken, günah sunusuna ne zeytinyağı ne de günnük eklenir. Peki neden? Kefaret sunusunu yakmak, bir kişinin günahlarının yakılmasıyla aynı anlamı taşır.

Ruhani açıdan una zeytinyağı ya da günnük eklenmemesi, tövbe etmek için Tanrı'nın huzuruna gelen bir adamın tavrının nasıl olacağını bize açıklar. 1. Krallar 21:27 ayeti, Tanrı'nın önünde tövbe eden Kral, *"Ahav bu sözleri dinledikten sonra, giysilerini yırttı, çula sarınıp oruç tutmaya başladı. Çul içinde yatıp kalkarak, alçakgönüllü bir yol tuttu."* Bir kişi tövbeyle yüreğini paraladığında, doğal olarak kendine hâkim olur, özdenetimi elden bırakmaz ve kendini alçakgönüllü kılar. Ne mırıldandığına ve nasıl hareket edeceğine dikkat eder ve kendini tutabileceği bir yaşam sürdüreceğinin mücadelesini verdiğini Tanrı'ya gösterir.

4) Kutsal Nesnelere Karşı Günah İşlendikten ya da Mesih'teki Kardeşlerin Kaybetmesine Neden Olduktan Sonra

Levililer 5:15-16 ayetlerinde şöyle okuruz:

> *Eğer biri RAB'be adanmış nesnelere el uzatır, bilmeden günah işlerse, suç sunusu olarak RAB'be küçükbaş hayvanlardan kusursuz bir koç getirmeli. Değeri gümüş şekelle, kutsal yerin şekeliyle ölçülmeli. Adanmış nesneler konusunda işlediği günahın karşılığını ödemeli ve beşte birini üzerine ekleyip kâhine vermeli. Kâhin suç sunusu olan koçla kişinin günahını bağışlatacak ve kişi bağışlanacak.*

"RAB'be adanmış nesneler" ile kastedilen, Tanrı'nın kutsal yeri ve Tanrı'nın kutsal yerinde mevcut tüm nesnelerdir. Peder ya da sunu veren bir birey bile Tanrı'ya tahsis edilmiş ve bu yüzden kutsal sayılan bir şeyi alamaz, kullanamaz ya da satamaz. Dahası kutsal saymamız gereken şeyler sadece "kutsal şeyler" ile sınırlı değildir, ama ayrıca tüm kutsal yeri kapsar. Kutsal bir yer, Tanrı'nın tahsis ettiği ve Adını yerleştirdiği bir yerdir.

Kutsal yerde dünyevi ya da gerçeğe ait hiçbir söz fısıldanmamalıdır. Ebeveyn inanlılar koşuşup oynamamaları, dikkatleri dağıtan gürültüler çıkarmamaları, etrafı kirletip dağıtmamaları ve kutsal yerdeki kutsal nesnelere zarar vermemeleri için çocuklarına terbiye vermelidirler.

Eğer Tanrı'ya adanmış nesneler kazayla tahrip olursa, o nesneyi tahrip eden kişi çok daha iyisini, mükemmelini ve kusursuz olanını yerine koymalıdır. Dahası, tahrip edilen nesnenin asıl değerinin "beşte biri" eklenerek suç sunusu olarak verilmelidir. Tanrı, kabul edilebilir ve özdenetimli olmamızı hatırlatmak için bize böyle buyurmuştur. Kutsal nesnelerle her temasımızda her zaman dikkatli ve kontrollü olmalıyız ki Tanrı'ya ait şeyleri hor kullanmayalım ve onlara zarar vermeyelim. Dikkatsizliğimiz yüzünden bir şeye zarar verirsek, yürekten tövbe etmeli ve o nesnenin değerinden fazlasını ya da değerini telafi etmeliyiz.

Levililer 6:2-5 ayetleri, kişinin günahlarından bağışlanmasının yollarını anlatır: *"kendisine emanet edilen, rehin bırakılan ya da çalıntı bir mal konusunda komşusunu aldatır ya da ona haksızlık ederse; kayıp bir eşya bulup yalan söylerse, yalan yere ant içerse."* Bu, bir kişinin Tanrı'ya inanmadan önce işlediği yanlışlardan ve bir başkasına ait olanı bilmeden aldığını fark ettiğinde tövbe edip bağışlanmasının yoludur.

Bu tür günahlardan bağışlanmak için, sahibine esas mal geri verilmekle kalmamalı, ama ayrıca nesnenin "beşte birini de" eklemeliyiz. Burada "beşte bir", miktarın zorunlu olarak sayısal anlamda belirlenmesi gerektiği anlamını taşımaz. Bir kişinin tövbesinin yüreklerinin derinliklerinden gelmesi gerektiği anlamını da taşır. O zaman Tanrı o kişinin günahlarını bağışlar.

Mesela geçmişte yapılan hataların teker teker sayılamayacağı ve esas değerlerinin geri ödenemeyeceği zamanlar vardır. Bu tür durumlarda bir kişinin yapması gereken tek şey, o noktadan ibaren tövbenin eylemlerini şevkle ortaya koymasıdır. İşinde ya da işyerinde kazandığı parayı şevkle Tanrı'nın egemenliği için verebilir ya da ihtiyacı olan insanlara mali yönden destek olabilir. Tövbenin böylesi eylemlerini ortaya koyduğunda, Tanrı o kişinin yüreğini tasdik eder ve o günahlarını bağışlar.

Suç ve günah sunularında tövbenin en önemli malzeme olduğunu aklınızdan çıkarmayın. Tanrı bizlerden besili bir dana değil, ama pişman bir yürek ister (Mezmurlar 51:17). Bu yüzden Tanrı'ya tapınırken, günahlarımızdan ve kötülüklerden yürekten tövbe etmeli ve uygun meyveyi vermeliyiz. Tanrı'yı hoşnut eden şekilde Tanrı'ya tapınıp sunarak ve Tanrı'nın kabul ettiği şekilde sunularınızı vererek, her zaman O'nun sevgisi ve kutsamaları ortasında yürümenizi umut ediyorum.

8. Bölüm

Bedenlerinizi Diri ve Kutsal Bir Kurban Olarak Sunun

"Öyleyse kardeşlerim,
Tanrı'nın merhameti adına size yalvarırım:
Bedenlerinizi diri, kutsal,
Tanrı'yı hoşnut eden birer kurban olarak sunun.
Ruhsal tapınmanız budur."

Romalılar 12:1

1. Süleyman'ın Bin Yakmalık Sunusu ve Kutsamaları

Süleyman, 20 yaşında tahta çıktı. Genç yaşından beri imanla Peygamber Natan tarafından eğitildi, Tanrı'yı sevdi ve babası Kral Davut'un yasalarını uyguladı. Tahta geçtikten sonra Süleyman Tanrı'ya bin yakmalık sunu verdi. Bin yakmalık sunu hiçbir suretle kolay bir iş değildi. Eski Ahit zamanlarında yer, zaman, sunuların içeriği ve yöntemler konusunda pek çok kısıtlamalar vardı. Ayrıca sıradan insanların aksine, Kral Süleyman'a eşlik eden pek çok insan bulunuyordu ve yüksek sayıda kurban sunacağından daha geniş bir alana ihtiyacı vardı. 2. Tarihler 1:2-3 ayetlerinde şöyle yazar: *"Süleyman bütün İsrailliler'i – binbaşıları, yüzbaşıları, yargıçları, İsrail'in boy başları olan önderleri – çağırttı. Sonra bütün toplulukla birlikte Givon'daki tapınma yerine gitti. Çünkü RAB'bin kulu Musa'nın çölde yaptığı Tanrı'yla Buluşma Çadırı oradaydı."* Musa'nın çölde yaptığı Tanrı'yla buluşma Çadırı orada olduğundan Süleyman Givon' gitti.

Toplulukla birlikte, Süleyman "RAB'bin önüne, Buluşma Çadırı'nın önündeki tunç sunağa çıktı" ve Tanrı'ya bin yakmalık sunu sundu. Daha öncede bahsedildiği gibi, yakmalık sunu, kurbanlık hayvanın ateşe verilmesiyle çıkan kokunun Tanrı'ya sunulmasıdır. Tanrı'ya yaşam sunulduğundan, tam bir adanmayla kendini kurban etmeyi simgeler.

O gece Tanrı, bir rüyada Süleyman'a göründü ve ona şu

soruyu sordu: *"Sana ne vermemi istersin?"* (2. Tarihler 1:7). Süleyman şöyle yanıtladı:

> *Babam Davut'a büyük iyilikler yaptın ve Beni de onun yerine kral atadın. Ya RAB Tanrı, babam Davut'a verdiğin söz yerine gelsin! Beni yeryüzünün tozu kadar çok olan bir halkın kralı yaptın. Şimdi bu halkı yönetebilmem için bana bilgi ve bilgelik ver. Başka türlü senin bu büyük halkını kim yönetebilir!* (2. Tarihler 1:8-10)

Süleyman zenginlik, servet, onur, düşmanlarının canı ya da uzun bir yaşam dilemez. Sadece halkını iyi yönetebilmek için bilgi ve bilgelik diler. Tanrı, Süleyman'ın yanıtından hoşnut kalır ve krala sadece bilgi ve bilgelik vermekle kalmaz, ama ayrıca Süleyman'ın hiç dilemediği zenginliği, serveti ve onuru da bahşeder.

Tanrı, Süleyman'a şöyle der: *"Sana bilgi ve bilgelik verilecektir. Sana ayrıca öyle bir zenginlik, mal mülk ve onur vereceğim ki, benzeri ne senden önceki krallarda görülmüştür, ne de senden sonrakilerde görülecektir"* (a. 12).

Tanrı'yı hoşnut eden ruhani tapınma bu şekilde Tanrı'ya sunulduğunda, Tanrı'da karşılığında bizleri kutsar. Böylece her açıdan gönençle kutsanır ve canımız gönenç içinde sağlıklı yaşamlara sahip olabiliriz.

2. Kutsal Konut Döneminden Kutsal Tapınak Dönemine

Krallığını birleştirdikten ve istikrarı tesis ettikten sonra Süleyman'ın babası Kral Davut'un yüreğini sıkan tek bir şey kalmıştı: Tanrı'nın tapınağı henüz inşa edilmemişti. Kendisi sedir ağacından yapılmış bir sarayda otururken, Tanrı'nın Sandığı'nın bir çadırda olmasından oldukça rahatsızdı ve bir tapınak inşa etmeye karar verdi. Fakat Tanrı buna izin vermedi çünkü Davut, savaşlarda çok kan dökmüştü. Bu yüzden Tanrı'nın kutsal tapınağını inşa etmeye uygun değildi.

Ama RAB bana, "Sen çok kan döktün, büyük savaşlara katıldın dedi, Benim adıma tapınak kurmayacaksın. Çünkü yeryüzünde gözümün önünde çok kan döktün" (1. Tarihler 22:8).

Ama Tanrı bana, "Adıma bir tapınak kurmayacaksın dedi, Çünkü sen savaşçı birisin, kan döktün" (1. Tarihler 28:3).

Davut, tapınağı inşa etme hayalini gerçekleştiremeyecek olmasına rağmen şükranla Tanrı'nın sözüne itaat etti. Ayrıca altın, gümüş, tunç, değerli taş ve sedir ağaçları gibi gerekli malzemeleri hazırlattı ki, kendisinden sonra kral olacak oğlu Süleyman tapınağı inşa edebilsin.

Tahta çıkışının dördüncü yılında, Süleyman, Tanrı'nın

isteğini tutmak ve Tapınağı kurmak için ant içti. Yeruşalim'de Moriya Dağı'nda tapınağı yaptırmaya başladı ve yedi sene de bitirdi. İsrail halkı Mısır'ı terk ettikten dört yüz seksen sene sonra Tanrı'nın Tapınağı tamamlandı. Levha Sandığı'nı (Antlaşma Sandığı) ve diğer kutsal nesneleri tapınağa getirtti.

Kâhinler, Levha Sandığı'nı En Kutsal Yer'e getirdiklerinde Tanrı'nın görkemi tapınağı doldurdu. *"Bu bulut yüzünden kâhinler görevlerini sürdüremediler. Çünkü RAB'bin görkemi tapınağı doldurmuştu"* (1. Krallar 8:11). Böylece Kutsal Konut dönemi bitti ve Tapınak dönemi başladı.

Tapınağın Tanrı'ya adanması duasında; Süleyman, günahları yüzünden sıkıntıya düşseler bile, tapınağa yönelerek içten dua eden halkının günahlarını bağışlaması için Tanrı'ya yakarır.

> *Buraya yönelerek dua eden kulunun ve halkın İsrail'in yalvarışını işit. Göklerden, oturduğun yerden kulak ver; duyunca bağışla* (1. Krallar 8:30).

Kral Süleyman, Tapınağın kurulmasının Tanrı'yı ne kadar hoşnut ettiğini ve kutsama kaynağı olduğunu bildiğinden, cesaretle halkı için Tanrı'ya yakardı. Kralın duasını duyan Tanrı şöyle yanıt verdi:

> *Duanı ve yakarışını duydum. Adım sürekli orada bulunsun diye yaptığın bu tapınağı kutsal kıldım. Gözlerim onun üstünde, yüreğim her zaman orada*

olacaktır (1. Krallar 9:3).

Bu sebeple günümüzde her kim, Tanrı'nın olduğu kutsal mabedinde tüm yüreği, aklı ve en içten haliyle Tanrı'ya tapınırsa, Tanrı o kişiyle buluşur ve yüreğinin arzularını yanıtlar.

3. Benliğin Tapınması & Ruhsal Tapınma

Kutsal Kitap sayesinde Tanrı'nın kabul etmediği tapınma türleri olduğunu biliyoruz. Tapınmanın sunulduğu yüreğin çeşidine bağlı olarak, Tanrı'nın kabul ettiği ruhsal tapınmalar ve reddettiği benliğin tapınmaları vardır.

İtaatsizliklerinin ertesinde Âdem ile Havva, Aden Bahçesi'nden kovuldular. Yaratılış 4. Bölümde onların oğullarını okuruz. Büyük oğullarının adı Kayin, küçüğünün ise Habil'dir. Yaşları geldiğinde Kayin'le Habil, Tanrı'ya sunularını verdiler. Kayin çiftçiydi ve *"toprağın ürünlerinden Rab'be getirdi"* (3. ayet). Habil ise, *"ilk doğan hayvanlardan bazılarını, özellikle de yağlarını"* (4. ayet) getirdi. RAB ise, *"Habil'i ve sunusunu kabul etti. Kayin'le sunusunu ise reddetti"* (4 ve 5. ayetler).

Tanrı neden Kayin'in sunusunu kabul etmedi? İbraniler 9:22 ayetinde ruhani dünyanın yasasına göre günahlarımızdan kan sunusu vererek bağışlanacağımızı okuruz. Bu sebeple, Eski Ahit zamanlarında boğa veya kuzu gibi hayvanlar kurban edilmişlerdir. Yeni Ahit zamanında ise Tanrı'nın Kuzusu İsa, kanını dökerek kefaret sunusu olmuştur.

İbraniler 11:4 ayeti bize şöyle der: *"Habil'in Tanrı'ya Kayin'den daha iyi bir kurban sunması iman sayesinde oldu. İmanı sayesinde doğru biri olarak Tanrı'nın beğenisini kazandı. Çünkü Tanrı onun sunduğu adakları kabul etti. Nitekim Habil ölmüş olduğu halde, iman sayesinde hâlâ konuşmaktadır."* Diğer bir deyişle, Tanrı'nın istemi olan kan sunusunu verdiği için, Habil'in sunusunu Tanrı kabul etmiş, ama isteğine uymayan Kayin'in sunusunu da reddetmiştir.

Levililer 10:1-2 ayetlerinde Nadav'la Avihu'nun, *"RAB'bin buyruklarına aykırı bir ateş sunduklarını"* ve *"Rab'bin gönderdiği bir ateşle,"* yanıp yok olduklarını okuruz. Ayrıca 1. Samuel 13. Bölümde, Peygamber Samuel'in görevini üstlenerek günah işleyen Kral Saul'u, Tanrı'nın nasıl terk ettiğini okuruz. Filistlilerle yapılacak savaş öncesinde Peygamber Samuel belirlenen günde gelmeyince, Kral Saul Tanrı'ya sunuları kendi sundu. Kurbanlar verildikten sonra Samuel vardığında, Kral Saul, halk dağılmasın diye yaptığı işi istemeden yaptığı özrünü verdi. Bunun üzerine Samuel Saul'u paylayarak, "Akılsızca davrandın" dedi ve Tanrı'nın onu terk ettiğini krala söyledi.

Malaki 1:6-10 ayetlerinde, Tanrı en iyileri yerine, kendilerinin işine yaramayanları Tanrı'ya sundukları için İsraillileri paylar. Tanrı ayrıca dini formaliteleri izleyen, ama insanların yüreklerini koymadıkları tapınmaları kabul etmeyeceğini de ekler. Günümüzde, benliğin tapınmalarını Tanrı'nın kabul etmeyeceği anlamına gelir.

Yuhanna 4:23-24 ayetleri, Tanrı'nın ruhta ve gerçekte

tapınanların ruhsal tapınmalarını hoşnutlukla kabul edeceğini ve adaleti, merhameti ve sadakati yerine getirsinler diye onları kutsayacağını bizlere söyler. Matta 15:7-9 ve 23:13-18 ayetlerinde İsa'nın, yaşamış olduğu devirde ataların törelerini katı bir şekilde uygulayan, ama Tanrı'ya ruhta tapınmayan Ferisileri ve din bilginlerini çokça payladığını okuruz. Tanrı, insanların keyfi sunduğu tapınmayı kabul etmez.

Tapınma, Tanrı'nın tesis ettiği ilkelere uygun sunulmalıdır. İşte bu noktada, ihtiyaçlarını karşılamak ve kendilerini hoşnut etmek için tapınan inançlılara sahip diğer dinlerden Hristiyanlık açıkça farklılık gösterir. Benliğin tapınması, bireylerin mabede az gelip ayinlere katıldığı faydasız bir ibadetken, öte yandan ruhsal tapınma, yüreklerin derinliklerinden gelen ve göksel Babalarını seven Tanrı çocuklarının ruhta ve gerçekte tapındığı bir kulluk eylemidir. Öyle ki, aynı zaman ve aynı yerde iki kişi tapınıyorsa, Tanrı tapınanların yüreklerine göre birinin tapınmasını kabul ederken, diğerininkini reddedebilir. Eğer Tanrı, "Tapınmanı kabul etmiyorum," diyorsa, insanlar mabede gelip Tanrı'ya tapınsalar bile hiçbir faydası yoktur.

4. Bedenlerinizi Diri ve Kutsal Bir Kurban Olarak Sunun

Eğer varoluşumuzun amacı Tanrı'yı yüceltmek ise, o zaman tapınma, yaşamlarımızın odağı olmalı ve her anı, Tanrı'ya tapınan bir duruşla yaşamalıyız. Tanrı'nın kabul ettiği diri ve kutsal kurban, pazartesinden cumartesiye kadar kişisel istek ve arzularımız doğrultusunda keyfi yaşayıp, haftada bir kez Pazar ayinlerine katılarak yerine getirilmez. Her zaman ve her yerde Tanrı'ya tapınmak üzere çağrıldık.

İbadet için kiliseye gitmek, tapınma hayatımıza bir ektir. Bir kişinin yaşamından ayrı olan her tapınma gerçek bir tapınma olamayacağından, bütün olarak bir inanlının yaşamı, Tanrı'ya sunulan ruhsal tapınmanın bir yaşamı olmalıdır. Uygun usullerce sadece mabette güzel tapınma ayinleri sunmamalı, ama ayrıca günlük yaşantılarımızda Tanrı'nın tüm hükümlerine itaat ederek kutsal ve temiz bir yaşam sürdürmeliyiz.

Romalılar 12:1 ayeti bize şöyle der: *"Öyleyse kardeşlerim, Tanrı'nın merhameti adına size yalvarırım: Bedenlerinizi diri, kutsal, Tanrı'yı hoşnut eden birer kurban olarak sunun. Ruhsal tapınmanız budur."* Tıpkı bedenini bir kurban olarak sunarak tüm insanlığı kurtaran İsa gibi, bedenlerimizi diri ve kutsal birer kurban olarak sunmamızı, Tanrı bizlerden de ister.

Fiziki tapınağa ek olarak, Tanrı'yla bir olan Kutsal Ruh yüreklerimizde yaşadığından her birimiz Tanrı'nın tapınakları olduk (1. Korintliler 6:19-20). Her gün gerçekte yenilenmeli ve kutsal olmak için kendimizi korumalıyız. Yüreklerimizde söz, dua ve övgü bollaştığında ve yaşamımızdaki her şeyi Tanrı'ya tapınan bir yürekle yaptığımızda, bedenlerimizi Tanrı'nın hoşnut olduğu diri ve kutsal kurbanlar olarak sunmuş olacağız.

Tanrı'yı bulmadan evvel hastalıklarla boğuşuyordum. Günlerimi umutsuz bir çaresizlik içinde geçirdim. Yedi yılı hasta geçirdikten sonra hastane ve ilaç masrafları yüzünden muazzam bir borca girdim. Yoksulluk içindeydim. Fakat Tanrı'yı bir kez bulunca her şey değişti. Tanrı beni tüm hastalıklarımdan derhal iyileştirdi ve yepyeni bir hayata başladım.

O'nun lütufuna boğulmuş olarak, Tanrı'yı her şeyin üzerinde sevdim. Rab'bin gününde şafakta kalkar, mutlaka duşumu alır ve tertemiz çamaşırlarımı giyerdim. Çoraplarımı cumartesi günü kısa süreliğine giymiş dahi olsam asla bir sonraki gün kiliseye onları giyerek gitmezdim. Ayrıca en temiz giysilerimi giyerdim.

Bu, inanlılar ayinlere giderken, dış görünüşleri modaya uygun olsun demek değildir. Eğer bir inanlı Tanrı'ya gerçekten inanıyor ve O'nu gerçekten seviyorsa, O'nu yüceltmek için huzuruna geldiğinde en azami ölçüde hazırlanmış olması doğaldır. Kişinin koşulları belli giysilerin giyilmesine elverişli değilse bile herkes en iyi şekilde kendi kudretince giysilerini ve görünüşünü hazırlamalıdır.

Ben ondalıklarımı her daim yeni kâğıt paralarla yapmışımdır. Yeni ve gıcır gıcır kâğıt paralarla her karşılaştığımda onları sunularım için ayırdım. Acil durumlarda bile o paralara dokunmadım. Onlar sunularım olarak ayrıldı. Eski Ahit döneminde, kâhinin huzuruna çıkan her inanlının, koşulları yüzünden seviyece farklı olsalar dahi bir sunu hazırladığını biliyoruz. Bununla ilgili Tanrı, Mısır'dan Çıkış 34:20 ayetinde açıkça bize şu talimatı verir: *"Kimse huzuruma eli boş çıkmasın."*

Diriliş toplantılarının vaizinden öğrendiğim gibi, her zaman her ayin için küçük ya da büyük bir sunu hazırladığımdan emin oldum. Eşimin ve benim kazancım güçbelâ borçların faizlerini ödemeye yetse dahi, bir kez olsun isteksiz olmadık ya da sunuları verdikten sonra pişmanlık duymadık. Sunularımızın insanları kurtarmak, Tanrı'nın egemenliğini ve doğruluğunu yerine getirmek için kullanılmasından nasıl pişmanlık duyabilirdik?

Adanmış halimizi gören Tanrı, muazzam borcumuzu belirlediği bir saatte ödemekle bizi kutsadı. Yoksula mali destek sağlayabilmek ve yetimleri, dulları ve hastaları gözetmek için, beni iyi bir kilise önderine dönüştürmesi için Tanrı'ya dua etmeye başladım. Fakat beklenmedik bir şekilde, Tanrı beni bir peder olarak göreve çağırdı ve sayısız insanı kurtaran muazzam bir kiliseye önderlik etmeye beni yöneltti. Kilise önderi olmasam da, çok sayıda insana yardım sağlayabiliyorum ve Tanrı'nın bahşettiği güçle, hastalara şifa olabiliyorum; her ikisi de dualarımda dilediklerimin çok ötesindedir.

5. "Mesih Sizde Biçimleninceye Dek"

Doğumdan itibaren çocuklarının yetişmesinde gönülden büyük çabalar gösteren ebeveynler gibi, her bireyi gerçeğe yönlendirirken ve onlarla ilgilenirken de büyük çaba, sabır ve fedakârlık gereklidir. Bununla ilgili elçi Pavlus, Galatyalılar 4:19 ayetinde şöyle demiştir: *"Çocuklarım! Mesih sizde biçimleninceye dek sizin için yine doğum ağrısı çekiyorum."*

Tek bir canı evrendeki her şeyden daha değerli sayan ve tüm

insanların kurtuluşu almasını arzulayan Tanrı'nın yüreğini bildiğimden, bende her bir bireyi kurtuluş ve Yeni Yeruşalim yoluna yönlendirmek için her türlü çabayı gösteriyorum. Kilise cemaatinin iman seviyesini, *"yetkinliğe, Mesih doluluğundaki olgunluk düzeyine,"* (Efesliler 4:13) getirme mücadelesinde, her an ve bulduğum her fırsatta dua ettim ve vaazlar hazırladım. Cemaat üyeleriyle oturup hoş sohbetlerde bulunmaktan oldukça zevk aldığım anlar olsa da sürüsünü doğru yola yönlendirmekle sorumlu bir çoban olarak, her şeyde özdenetimime hâkim oldum ve Tanrı'nın bana verdiği görevleri yerine getirdim.

Her imanlı için arzuladığım iki şey vardır. İlk olarak her inanlının en basitiyle kurtuluşu almasını değil, ama göklerdeki en görkemli yer olan Yeni Yeruşalim'e girmesini istiyorum. İkinci olarak da inanlılarının yoksulluk çekmemelerini, ama gönenç içinde yaşamalarını istiyorum. Kilise dirildikçe ve insanların sayısı arttıkça, mali desteğin elde edildiği insanların sayısıyla birlikte şifa işleri de artar. Dünyevi açıdan kilise üyelerinin her birinin ihtiyaçlarını not düşmek ve onların ihtiyaçlarına göre hareket etmek kolay bir görev değildir.

En ağır yükü, inanlılar günah işlediğinde hissediyorum. Çünkü bir inanlı günah işlediğinde, kendini Yeni Yeruşalim'den uzaklaşmış hissettiğini biliyorum. Hatta uç vakalarda kurtuluşu alamayacak durumda bile kendini bulabilirler. Bir inanlı ancak Tanrı'yla kendisi arasında örülmüş günah duvarını yıktığında yanıtları, fiziki ve ruhani şifayı alabilir. Günah işleyen inanlılar adına Tanrı'ya sıkıca sarılırken uyuyamadım, nöbetlerle savaştım, gözyaşları döktüm, korkunç miktarda enerji kaybettim, oruç ve duayla sayısız saat ve gün biriktirdim. Sayısız kez bu sunuları kabul eden Tanrı, merhametini insanlara göstermiş ve evvelden kurtuluşa bile layık olmayanlara bile tövbe ruhunu bahşetmiştir; böylece tövbe edip kurtuluşa nail olabilmişlerdir. Tanrı, ayrıca kurtuluş kapısını boylu boyunca açmıştır ki dünyadaki sayısız insan kutsal İncil'i işitmek için gelsin ve Tanrı'nın gücünün ortaya koyduklarını sarmalasın.

Pek çok inanlıyı güzel bir şekilde imanda gelişirken görmek bir peder olarak benim en büyük ödülümdür. Kendisini güzel bir koku olarak Tanrı'ya sunan lekesiz Rab gibi (Efesliler 5:2), bende Tanrı'nın egemenliği ve insanlar için yaşamımı her yönüyle diri ve kutsal bir kurban olarak Tanrı'ya adamak üzere ilerliyorum.

Çocuklar ebeveynlerini Anneler Gününde ya da Babalar Gününde (Kore'de "Ebeveynler Günü") onurlandırdıklarında ve şükranlarını gösterdiklerinde, ebeveynleri bundan daha fazla mutlu olamaz. Şükranları, ebeveynlerinin istediği şekilde olmasa bile, çocuklarından geldiği için anne-babalar yinede mutlu olurlar. Benzer şekilde Tanrı'nın çocukları, göksel Baba'ya olan sevgileriyle en büyük çabalarını göstererek O'na tapındıklarında, Tanrı bundan hoşnut olur ve onları kutsar.

Kuşkusuz ki hiçbir inanlı tüm hafta boyunca keyfi yaşayıp sadece Pazar günleri adanmışlıklarını göstermemelidir. İsa'nın Luka 10:27 ayetinde bize söylediği gibi, her inanlı, Tanrı'yı tüm yüreği, canı, gücü ve aklıyla sevmeli, yaşamının her günü kendisini diri ve kutsal bir kurban olarak Tanrı'ya sunmalıdır.

Her okuyucunun, Tanrı'ya ruhta ve gerçekte tapınarak ve yüreğinin kokusunu sunarak, Tanrı'nın onlar için hazırladığı tüm kutsamaların tadına bolca varması dileğiyle.

Yazar:
Dr. Jaerock Lee

Dr. Jaerock Lee, 1943 yılında Kore Cumhuriyeti'nin Jeonnam eyaletine bağlı Muan'da doğdu. Yirmili yaşlarında yedi yıl süren ve tedavisi mümkün olmayan birçok hastalıktan çekti ve iyileşme umudu olmadan ölümü bekledi. Fakat 1947 yılının bir bahar gününde, kız kardeşi tarafından bir kiliseye götürüldü ve orada dizlerinin üzerine dua etmek için çöktüğü anda, Yaşayan Tanrı, O'nu tüm hastalıklarından bir anda iyileştirdi.

Dr. Lee, bu olağanüstü tecrübenin akabinde karşılaştığı Yaşayan Tanrı'yı o andan itibaren tüm kalbi ve samimiyetiyle sevdi ve 1978 yılında Tanrı'ya hizmet için göreve çağrıldı. Tanrı'nın isteğini tüm berraklığıyla anlayabilmek, bütünüyle yerine getirmek için kendini adayarak dua etti ve Tanrı'nın Sözüne itaat etti. 1982 senesinde Seul, Kore'de Manmin kilisesini kurdu ve bu kilisede mucizevî şifa, belirti ve harikalar gibi Tanrı'nın sayısız işleri meydana gelmektedir.

Dr. Lee, 1986 yılında Kore İsa'nın Sungkyul kilisesinin senelik toplantısında papazlığa atandı ve 1990 yılında vaazları Avustralya, Rusya ve Filipinlerde yayınlanmaya başladı; Uzakdoğu Radyo Yayın Şirketi, Asya Radyo İstasyonu ve Washington Hıristiyan Radyo Sistem yayıncılık şirketleri vesilesiyle kısa zamanda pek çok ülkeye daha ulaşıldı.

1993 yılında Manmin Kilisesi Hristiyan Dünya dergisi (ABD) tarafından "Dünyanın önde gelen 50 Kilisesi"nden biri seçildi ve Dr. Lee, Florida, ABD'de bulunan Christian Faith Üniversitesi İlahiyat Fakültesinden fahri doktora derecesini aldı. 1996 yılında ise Iowa, ABD Kingsway Theological Seminary'de papazlık üzerine doktorasını yaptı.

1993 yılından beri Dr. Lee, Tanzanya, Arjantin, Los Angeles, Baltimore City, Hawaii ve ABD New York, Uganda, Japonya, Pakistan, Kenya, Filipinler, Honduras, Hindistan, Rusya, Almanya, Peru, Kongo Demokratik Cumhuriyeti, İsrail ve Estonya olmak üzere pek çok yurtdışı misyonerlik faaliyetiyle dünyaya İncil'in müjdesini duyurmaktadır.

2002 yılında, çeşitli yurtdışı misyon faaliyetlerindeki güçlü vaizliği için, Kore'nin önde gelen Hıristiyan gazeteleri tarafından "Dünya Çapında Dirilişçi" kabul edilmiştir. Özellikle öne çıkan, dünyanın en ünlü arenası olan Madison Square Garden'da 2006 yılında gerçekleştirilen New York Seferi'dir; etkinlik 220 ülkede yayınlanmıştır. 2009 yılında Kudüs Uluslararası Kongre Merkezi'nde gerçekleştirilen "Birleşmiş İsrail Seferi'nde", cesurca İsa'nın Mesih ve Kurtarıcı olduğunu ilan etmiştir.

GCN TV dâhil olmak üzere, uydular aracılığıyla vaazları 176 ülkede yayınlanmaktadır. Popüler Rus Hristiyan dergisi In Victory tarafından 2009 ve 2010 yıllarının en önde gelen 10 etkin Hristiyan önderlerinden biri, Christian Telegraph haber ajansı tarafından ise güçlü TV yayıncılığıyla vaaz ve yurtdışı kilise faaliyetleri için etkin bir önder seçilmiştir.

Eylül 2017 tarihi itibarıyla Manmin Merkez Kilisesi'nin 130,000'den fazla cemaat üyesi bulunmaktadır. 56 yerel kilisesi dâhil olmak üzere dünya çapında 11,000 şube kilisesi bulunmaktadır ve Amerika Birleşik Devletleri, Rusya, Almanya, Kanada, Japonya, Çin, Fransa, Hindistan, Kenya ve daha fazlası olmak üzere 26 ülkeye 98'dan fazla rahip atamıştır.

En çok satanlar listesinde *Ölümden Önce Sonsuz Yaşamı Tatma, Hayatım ve İmanım I & II, Çarmıhın Mesajı, İmanın Ölçüsü, Göksel Egemenlik I & II, Cehennem, Uyan İsrail, Tanrı'nın Gücü* olmak üzere, bu kitabın yayınlanış tarihi itibarıyla 109 kitap yazmış ve kitapları 76'dan fazla dile çevrilmiştir.

Dini makaleleri *The Hankook Ilbo, The JoongAng Daily, The Chosun Ilbo, The Dong-A Ilbo, The Hankyoreh Shinmun, The Seoul Shinmun, The Kyunghyang Shinmun, The Korea Economic Daily, The Shisa News,* ve *The Christian Press* dergi ve gazetelerinde yayınlanmaktadır.

Dr. Lee şu anda birçok misyonerlik kuruluşu ve derneğinin önderidir. Bunlardan bazıları şunlardır: Kore Birleşmiş Kutsallık Kilisesi Yöneticisi (The United Holiness Church of Jesus Christ); Dünya Hristiyanlığı Diriliş Misyon Kuruluşu (The World Christianity Revival Mission Association) Daimi Başkanı; Global Hristiyan Network (GCN – Global Christian Network) Kurucusu ve Yönetim Kurulu Başkanı; Dünya Hristiyan Doktorları (WCDN – The World Christan Doctors Network) Kurucusu ve Yönetim Kurulu Başkanı; Manmin Uluslararası Seminer (MIS-Manmin International Seminary) Kurucusu ve Yönetim Kurulu Başkanı.

Aynı Yazar Tarafından Yazılmış Diğer Etkili Kitaplar

Göksel Egemenlik I & II

Göksel ahalinin keyfine vardığı muhteşem güzellikte ki yaşama ortamının detaylı bir taslağı ve göksel egemenliğin farklı katlarının güzel bir açıklaması.

Çarmıhın Mesajı

Ruhani uykuda olan tüm insanların uyanmasını sağlayan güçlü bir mesaj! Bu kitapta İsa'nın niçin tek Kurtarıcı olduğunu ve Tanrı'nın gerçek sevgisini keşfedeceksiniz.

Cehennem

Tek bir canın bile cehennemin derinliklerine düşmesini arzu etmeyen Tanrı'dan tüm insanlığa içten bir mesaj! Aşağı ölüler diyarı ve cehennemin daha önce hiç açıklanmamış acımasız gerçeğini keşfedeceksiniz.

Ruh, Can ve Beden I & II

Ruh, can ve beden hakkında ruhani kavrayışa sahip olmamızı ve nasıl bir özden yaratıldığımızı keşfetmemizi sağlayan bu rehber kitap sayesinde karanlığı yenilgiye uğratmak ve ruhun insanına dönüşmek için güce sahip olabiliriz.

İmanın Ölçüsü

Sizin için gökler nasıl bir yer, ne tip bir taç ve ödül hazırlandı? Bu kitap sizlere imanınızı ölçebilmeniz ve en iyi ve en olgun imana sahip olabilmeniz için bilgi ve rehberlik sağlar.

Uyan İsrail

Niçin dünyanın başından günümüze kadar Tanrı gözlerini srail'den ayırmamıştır? Tanrı bu son günlerde İsrail için nasıl bir takdiri ilahi hazırlamıştır? Bu kitap, Mesih ile İsrail arasında ki ilişkiye ve Tanrı'nın İsrail için planladıklarına ışık tutar.

Hayatım ve İmanım I & II

Karanlık dalgalar, evlilik sorunları ve derin çaresizliklerle geçen yaşamı, Tanrı'nın sevgisiyle tekrar doğan ve okuyucularına hoş kokulu ruhani aroma yayan Dr. Jaerock Lee'nin otobiyografisi.

Tanrı'nın Gücü

Bir kişinin gerçek imana sahip olması ve Tanrı'nın olağanüstü gücünü deneyim etmesinde temel kılavuz görevi gören ve mutlaka okunması gereken bir kitap.

www.urimbooks.com

www.ingramcontent.com/pod-product-compliance
Lightning Source LLC
LaVergne TN
LVHW092047060526
838201LV00047B/1274